U0638725

我国高等体育院校
学科建设若干问题的讨论

刘　沛　刘海元◎主编

中国国际广播出版社

图书在版编目（CIP）数据

我国高等体育院校学科建设若干问题的讨论 / 刘沛，
刘海元主编 . — 北京：中国国际广播出版社，2022.7 (2024.4重印)
ISBN 978-7-5078-5172-4

Ⅰ.①我… Ⅱ.①刘… ②刘… Ⅲ.①高等学校 – 体
育院校 – 学科建设 – 研究 – 中国 Ⅳ .① G807.4

中国版本图书馆 CIP 数据核字（2022）第 122823 号

我国高等体育院校学科建设若干问题的讨论

主　　编	刘　沛　刘海元
责任编辑	王立华
校　　对	张　娜
设　　计	中北传媒

出版发行	中国国际广播出版社有限公司 ［010–89508207（传真）］
社　　址	北京市丰台区榴乡路 88 号石榴中心 2 号楼 1701
	邮编：100079
印　　刷	廊坊市海涛印刷有限公司

开　　本	170×240　1/16
字　　数	200 千字
印　　张	14.25
版　　次	2022 年 7 月北京第一版
印　　次	2024 年 4 月第二次印刷
定　　价	68.00 元

版权所有　盗版必究

编委会

主　　编：刘　沛　刘海元

参编人员：朱　姣　王　坤　王彩霞

前　言

　　学科建设是高等学校建设与发展的龙头，是高等学校长期而艰巨的任务，它是以学科定位、学科队伍、科学研究、人才培养、学科基地、学科管理等为要素的一项系统工程。学科建设状况从根本上体现学校的办学水平、办学实力、办学特色、学术地位与核心竞争力。"双一流"建设是党中央、国务院作出的重大战略部署，对于提升我国教育发展水平、增强国家核心竞争力、奠定长远发展基础，具有十分重要的意义。对标"双一流"战略，是当前和今后相当长一段时间我国高等教育的重要任务，对于在我国高等院校体系中整体发展算不上高水平的高等体育院校来说，"双一流"战略是前所未有的历史良机。

　　国家《"十四五"体育发展规划》提出，推动高等体育院校改革与发展，落实立德树人根本任务，推动高等体育院校特色发展、内涵式发展，搭建高等体育院校教学、训练、科研、竞赛等方面的交流合作平台，着力推动建设具有中国特色的世界一流体育大学和一流体育学科。加强高等体育院校科技创新工作，推进产学研一体化发展。推进高等体育院校与全国性单项体育协会协同创新，建立足球、篮球、排球等运动项目学院。引导和支持高等体育院校培养更多具有创新精神和创业能力、行业急需的体育人才。通过学科建设，可以促进高等体育院校教学改革、科研和产业的发展以及教师队伍的建设，进而带动和促进学校教育质量、科研水平及整体实力的提高。

在体育强国、教育强国、新时代高等体育院校高质量发展的背景下，高等体育院校的学科建设面临着机遇和挑战，如何在"双一流"背景之下，把握高等体育院校发展的趋势、顺应体育改革的要求，调整自己的办学定位及未来发展方向。建设一流体育学科，成为高等体育院校未来发展亟须解决的现实问题。学科建设管理工作在一定程度上影响学科建设的水平，笔者作为高等体育院校学科建设管理队伍中的一分子，通过分析当前高等体育院校学科建设的主要问题，旨在为高等体育院校学科建设工作提供理论依据与实践参考，为进一步提升我国高等体育院校学科建设水平提供一己之力。

基于此，本书围绕我国高等体育院校学科建设若干问题展开讨论，全书共设置九章：第一章"新时代高等体育院校学科建设的价值探析"，第二章"高等体育院校学科建设的发展历程"，第三章"高等体育院校学科建设的研究动态"，第四章"国外体育院校学科建设情况的调查"，第五章"高等体育院校学科建设的生命线：科研发展"，第六章"高等体育院校学科建设的重要使命：研究生培养"，第七章"高等体育院校学科建设的核心载体：学科平台建设"，第八章"高等体育院校学科建设的动力来源：学科评价"，第九章"高等体育院校学科建设的关键保障：管理质量"。全书由刘海元负责策划，刘沛负责编写第一章至第六章第一二节、第七章至第九章，朱姣负责编写第六章第三节，研究生王坤、王彩霞参与资料的收集和整理。

本书的编写得到了许多专家学者的帮助和指导，在此表示诚挚的谢意。本书编写过程中，参考和吸收了大量文献与相关论著，借鉴了很多前辈的研究成果，在此一并表示感谢。由于编者水平有限，加之时间仓促，书中所涉及的内容难免有疏漏与不够严谨之处，恳请读者和专家多提宝贵意见，以待进一步修改，使之更加完善。

目 录

CONTENTS

第一章 新时代高等体育院校学科建设的价值探析 …………… **001**

第一节 新时代高等体育院校学科建设的使命溯源 ………… 002

第二节 高等体育院校学科建设的内涵分析 ………… 006

第二章 高等体育院校学科建设的发展历程 ……………… **019**

第一节 高等体育院校发展历程 ………………… 019

第二节 高等体育院校学科发展历程 ……………… 025

第三章 高等体育院校学科建设的研究动态 ……………… **033**

第一节 国外体育学科的相关研究 ………… 033

第二节 国内体育学科的相关研究 ………… 035

第四章 国外体育院校学科建设情况的调查 ………… **045**

第五章 高等体育院校学科建设的生命线：科研发展 ………… **052**

第六章　高等体育院校学科建设的重要使命：研究生培养 …… **060**

　　第一节　高等体育院校研究生培养现状 ………………… 061

　　第二节　高等体育院校研究生思想政治教育工作的途径探索…… 066

　　第三节　高等体育院校研究生学术道德与学术规范教育 ……… 079

第七章　高等体育院校学科建设的核心载体：学科平台建设 … **099**

　　第一节　高等体育院校学科平台的建设情况 …………… 100

　　第二节　高等体育院校学科平台的作用 ………………… 102

　　第三节　高等体育院校学科平台建设存在的主要问题 ……… 104

　　第四节　高等体育院校学科平台建设的对策分析 …………… 105

第八章　高等体育院校学科建设的动力来源：学科评价 ……… **107**

　　第一节　国内外学科评价体系 …………………………… 107

　　第二节　前四轮高等体育院校学科评估结果 …………… 114

　　第三节　第五轮学科评估 ………………………………… 116

第九章　高等体育院校学科建设的关键保障：管理质量 ……… **126**

　　第一节　高等体育院校学科建设管理现状 ……………… 126

　　第二节　高等体育院校学科建设应遵循的原则 ………… 129

　　第三节　高等体育院校学科建设存在的问题 …………… 130

　　第四节　高等体育院校学科建设质量的提升策略 ……… 135

附　录 ………………………………………………………… **141**

　　附录1　教育部 财政部 国家发展改革委关于印发《统筹推进世界一流
　　　　　　大学和一流学科建设实施办法（暂行）》的通知 ……… 141

附录 2　教育部 财政部 国家发展改革委印发《关于高等学校加快"双
　　　　一流"建设的指导意见》的通知 ……………………………　148

附录 3　北京体育大学一流学科建设方案 ………………………………　161

附录 4　上海体育学院一流学科建设高校建设方案 ……………………　178

附录 5　首都体育学院关于进一步加强学科建设的实施意见 ……　193

附录 6　南京体育学院学科带头人、学术带头人和学术骨干管理办法

　　　　……………………………………………………………………　202

参考文献 ……………………………………………………………　**211**

第一章 新时代高等体育院校学科建设的价值探析

2015 年，国务院印发《统筹推进世界一流大学和一流学科建设总体方案》，提出建设世界一流大学和一流学科的"三步走"战略。2017 年 1 月，经国务院批准同意，教育部、财政部、国家发展和改革委员会印发《统筹推进世界一流大学和一流学科建设实施办法（暂行）》（教研〔2017〕2 号）。2017 年 9 月，教育部、财政部、国家发展和改革委员会联合发布《关于公布世界一流大学和一流学科建设高校及建设学科名单的通知》（教研函〔2017〕2 号），正式公布世界一流大学和世界一流学科建设高校及建设学科名单，首批"双一流"建设高校共计 137 所，其中世界一流大学建设高校 42 所（A 类 36 所，B 类 6 所），世界一流学科建设高校 95 所；双一流建设学科共计 465 个（其中自定学科 44 个）。总体目标是到 2020 年，若干所大学和一批学科进入世界一流行列，若干学科进入世界一流学科前列；到 2030 年，更多的大学和学科进入世界一流行列，若干所大学进入世界一流大学前列，一批学科进入世界一流学科前列，高等教育整体实力显著提升；到 21 世纪中叶，一流大学和一流学科的数量和实力进入世界前列，基本建成高等教育强国。

第一节　新时代高等体育院校学科建设的使命溯源

一、"双一流"背景下高等体育院校的发展需求

"双一流"，即是指世界一流大学和一流学科（First-class universities and disciplines of the world）。建设世界一流大学和一流学科，是中共中央、国务院作出的重大战略决策，也是中国高等教育领域继"211 工程""985 工程"之后的又一国家战略，其有利于提升我国高等教育综合实力和国际竞争力，为实现"两个一百年"奋斗目标和实现中华民族伟大复兴的中国梦提供有力的支柱。

一流大学建设高校中，以综合性大学居多，扎根中国、中国特色、世界一流是出现频率最多的关键词。一流大学建设高校中，还囊括了多地域、多类型的高校，这些高校在学科特色、区域发展中的地位都不尽相同。在 140 所"双一流"高校官网的学校简介中，北京航空航天大学、大连理工大学、哈尔滨工业大学等"一流大学建设高校"，强调中国特色、世界一流的建设核心；财经类、政法类、语言类、农林类、师范类、医药类等"一流学科建设高校"，明确提出要以一流学科带动大学整体发展，建成特色鲜明、行业引领的世界一流学科性大学。一流学科建设高校不同于一流大学建设高校，是囊括了更多的行业特色和学科优势的高校。因此，一流学科建设高校以特色优势学科为建设出发点，但目标不仅仅是单个学科达到世界一流水平，而是发挥一流学科建设的引领作用，提升学校学科的整体水平和学校的综合办学实力，整体建成一流大学。

对标"双一流"战略，是当前和今后相当长一段时间我国高等教育的重要任务。对于在我国高等院校体系中整体发展算不上高水平的高等体育院校来说，"双一流"战略是前所未有的历史良机，更应积极抓住这一重大的历史机遇，调整自己的办学定位及未来发展方向。如何在"双一流"背景之下，把握高等体育院校发展的趋势、顺应体育改革的要求，建设一流的体育学学科，成为高等体育院校未来发展亟须解决的现实问题。在我国目前的14所高等体育院校中，北京体育大学和上海体育学院的体育学科进入"双一流"建设学科——北京体育大学将建设一流大学的目标描述为"为建设世界一流体育大学而努力奋斗"，上海体育学院将建设一流大学的目标描述为"建成扎根中国大地的世界一流体育大学"。其他12所高等体育院校的建校目标也大多围绕"中国前列、世界一流应用研究型""世界一流体育大学""国内一流、世界知名体育大学""国内一流、国际有影响""国际知名、国内著名""国内领先、国际知名""特色鲜明、国内有影响"等目标进行建设。因此，以"双一流"建设为契机，推动高等体育院校快速发展成为新时代高等体育院校发展的重要内容，也是建设世界一流体育大学和一流学科的重要举措。

二、体育强国国家战略对体育院校发展的需求

体育强国是我国新时期体育工作改革和发展的目标与任务，即力争实现体育大国向体育强国的转变。

1983年，原国家体委《关于进一步开创体育新局面的请示》中，除第一次明确提出了要在20世纪末把我国建设成为"世界体育强国"的目标外，还提出了主要指标：①全国半数左右的人经常参加体育活动，青年一代的身体形态、素质、机能有明显提高；②在奥林匹克运动会上名列前茅，大多数项目达到或接近世界水平；③建成可以举办亚运会和奥运会的场地；④彻底改善体育队伍的结构，干部实现"四化"。这可以看作"体育强国"较早的内涵

表述，但在实际语境中"竞技体育"强调较多，换句话说，当时的"体育强国"主要指竞技体育强国。

2008 年，胡锦涛总书记在北京奥运会、残奥会总结表彰大会上的讲话中指出，"进一步推动我国由体育大国向体育强国迈进"，并强调"我们要坚持以增强人民体质、提高全民族身体素质和生活质量为目标，高度重视并充分发挥体育在促进人的全面发展、促进经济社会发展中的重要作用，实现竞技体育和群众体育协调发展"，强调了体育强国不仅是竞技体育的领先，群众体育事业也是其重要标志。

2019 年 9 月 2 日，国务院办公厅印发《体育强国建设纲要》（简称《纲要》），部署推动体育强国建设，充分发挥体育在建设社会主义现代化强国新征程中的重要作用。《纲要》针对体育强国建设提出了五个方面的战略任务：一是从完善全民健身公共服务体系、推进全民健身智慧化发展等方面，落实全民健身国家战略，助力健康中国建设；二是从建立中国特色现代化竞赛体系、推进职业体育发展等方面，提升竞技体育综合实力，增强为国争光能力；三是从激发市场主体活力、加强体育市场监管等方面，加快发展体育产业，培育经济转型新动能；四是从推动运动项目文化建设、丰富体育文化产品等方面，促进体育文化繁荣发展，弘扬中华体育精神；五是从构建体育对外交往新格局、提升中国体育国际影响力等方面，加强对外和对港澳台体育交流，服务大国特色外交和"一国两制"事业。另外，《纲要》还明确了体育场地设施建设、全民健身活动普及、青少年体育发展促进、国家体育训练体系构建、科技助力奥运、体育产业升级、体育文化建设、体育志愿服务与体育社会组织建设等九大工程。

2020 年 10 月，党的十九届五中全会提出"广泛开展全民健身运动，增强人民体质"，强调到 2035 年建成体育强国，擘画了今后一个时期我国体育事业发展的宏伟蓝图，是我们党站在"两个一百年"奋斗目标的历史交汇点上，立足新发展阶段、贯彻新发展理念、构建新发展格局的重大举措和战略安排，向全国体育战线包括高等体育院校发出了动员令，吹响了冲锋号。

高等体育院校在体育强国战略中起到了非常重要的作用和功能。陈林会在《体育强国建设进程中高等体育院校责任与使命的理论思考》一文中认为，始终与国家发展和民族振兴同向同行，是高等体育院校发展的基本规律；始终把国家走向世界和引领世界互融互进，是高等体育院校发展的重要任务；"引领"体育强国建设走向深入是新时代赋予高等体育院校的历史责任。习近平总书记在 2018 年 9 月举行的全国教育大会上强调，"要坚持把优先发展教育事业作为推动党和国家各项事业发展的重要先手棋"，这就要求高等体育院校要进一步推进自身从"象牙塔"到"社会发展动力站"的历史性转变。《纲要》为包括高等体育院校在内的体育工作发展指明了方向，也为高等体育院校在助推体育强国建设中发挥重要作用提出了新的、更高的要求。

三、体育院校的自身发展的需求

学科建设是高等体育学校的一项基本建设，是集学科方向、学术队伍、科学研究、人才培养、学术交流、其他建设为一体的综合性建设。学科建设是高等体育院校工作的龙头，也是立校之本。学科建设的状态体现高等体育院校的整体办学实力、学术地位和核心竞争力，其学科建设水平的高低既是一所大学的面子、更是一所大学的里子，是学校最重要的内涵建设任务。著名美籍华裔科学家、加州大学伯克利分校原校长田长霖先生曾经说过：世界上办学地位上升很快的学校都是在一两个学科领域首先取得突破，把它变成最好的、最有名气的学科，以此为带动使其他学科逐步发展起来的。通过抓学科建设，可以促进高等体育院校教学改革、科研和产业的发展，以及教师队伍的建设，进而带动和促进学校教育质量、科研水平及整体实力的提高。所以说，学科建设是高等学校的根本性建设，是不断增强高等体育院校办学能力、提高教育教学质量和科学研究水平的基础，其影响并决定着高等体育院校的发展水平和特色。随着社会的发展、科技的进步，学科建设已成为提高高等体育院校办学水平和人才培养质量的关键，关系着学校的生存和发展。只有抓住学科建设这条主线，才能做到纲举目张，统揽高等体育院校各个方面的工作。

体育学科作为高等教育的重要组成部分，是体育人才培养、科学研究、服务社会的载体，是高等体育院校发展和规划的重要内容。《"十四五"体育发展规划》提出，推动高等体育院校改革与发展，落实立德树人的根本任务，推动高等体育院校特色发展、内涵式发展，搭建高等体育院校教学、训练、科研、竞赛等方面的交流合作平台，着力推动建设具有中国特色的世界一流体育大学和一流体育学科。加强高等体育院校科技创新工作，推进产学研一体化发展。推进高等体育院校与全国性单项体育协会协同创新，建立足球、篮球、排球等运动项目学院。引导和支持高等体育院校培养更多具有创新精神和创业能力、行业急需的体育人才。

第二节　高等体育院校学科建设的内涵分析

由于本书的研究对象是我国体育院校学科建设，因此有必要对学科、学科建设与体育院校学科建设进行概念的界定。

一、学科

学科是大学的基本元素，一流的学科是培养高素质创造型人才的摇篮，是推动知识创新、推进科技成功向现实生产力转化的基地。《汉语大词典》中把"学科"定义为"按照学问的性质而划分的门类或指学校教学的科目"。

学科的含义有两个：①作为知识体系的科目和分支，学科与专业的区别在于，学科是偏知识体系而言，而专业是偏指社会职业的领域，因此，一个专业可能要求多种学科的综合，而一个学科可在不同专业领域中应用；②学科是高校教学、科研等的功能单位，是对教师教学、科研业务隶属范围的相对界定，它包含三个要素：一是构成科学学术体系的各个分支，二是在一定研究领域生成的专门知识，三是具有从事科学研究工作的专门的人员队伍和设施。

从高等学校的角度看，大学是围绕学科建构起来的，换句话说，学科是大学的立学之本，是高等教育的重要基础。1997年6月，国务院学位委员会、国家教育委员会颁布了《授予博士、硕士学位和培养研究生的学科、专业目录》（以下简称《目录》），该《目录》"是国务院学位委员会学科评议组审核授予学位的学科、专业范围划分的依据"。学位授予单位按照该《目录》中各学科、专业所归属的学科门类培养研究生，并授予其相应的学位。该《目录》将授予学位的学科划分为12个门类、88个一级学科、381种二级学科，而我们通常提及的学科建设中的学科是指正式列入上述《目录》中的学科。

二、学科建设

学科建设，是指高校和科研院所为提高教学、科研水平，运用政策、人力、物力等手段按特定的学科方向，对学科的发展加以规范化所进行的基础性工作。它涉及学科本身的学术水平思想建设，也涉及学术组织、教育制度和研究资源配置，包含了三个层面的内涵：①对于一个研究领域而言，学科建设主要是指通过理论体系的构建，使学科制度化，然后通过学科设置、学科建制过程，建立起该学科的规训制度与研究制度；②对于一个具体的学科或学系而言，学科建设主要是指学科群的建设，使学科制度化，即通过学科划分、学科设置、学科建制，从而使得一级学科下面的分支学科不断增多，社会建制不断扩大，研究经费更加充足，对事物的认识进一步深化；③对于一个学校或地区而言，学科建设主要涉及学位点设置、学科门类、学科机构与体系、交叉学科的形成等一些更为宏观的问题，其目的在于形成一些有影响力的学科群或一流学科，以此提升学校或地区的学术水平。

学者康兰（2010）基于学术性这一学科的基本要义，将大学学科建设定义为：大学学科建设是将一定的人力、物力、财力投入到一定的知识研究领域，进行以学术性活动为中心工作的相关学科点和学科体系的科学规划和具体建设。其主要包含四个方面的内容：凝练学科方向、汇聚学科队伍、创建学科基地、营造学术氛围。

凝练学科方向的初级水平就是根据学校发展的需要，组织申报教育部已有的本科专业；中级水平就是申报教育部已经公布的硕士点和博士点；高级水平就是根据学科发展的趋势，提炼出新的专业和新的学位点，让国家将其列入专业或学位点目录。当然，提出学科新发展方向的单位在这个学科的发展上就占据了优先的地位。汇聚学科队伍就是根据学科发展的需要，聚集国内外的学术研究人才，其聚集的方式有长期所有，也有短期所有或不求所有但求所用，就是以"讲座学者""讲座教授"或"访问学者"的方式与本单位的学者进行合作研究，以此来促进本学科的发展，使本单位的学术水平处于本学科的前沿。创建学科基地，就是建立相应的研究所、研究中心或人才培养基地（如哲学社科研究基地、艺术人才培养基地等）。营造学术氛围就是要使大学学术研究的传统代代相传，使学生在这个环境中得到深刻的学术熏陶，懂得创造的意义、能欣赏创造的成果，并从中得到极大的乐趣，使学术研究的风气得到发扬，整个学校形成鼓励创造、激励创造的氛围。

学科建设可以在以下方面对高校的发展起到带动作用。一是通过学科建设，可以促进学校的特色和优势学科的发展。学科建设的具体做法根据不同层次、不同学科有所不同，但基本上是选拔一些条件好、有特色、与地方或全国经济发展形势相适应的学科，投入经费进行重点建设。通过建设，促进了该学科科学研究、人才梯队和实验基地的建设，提升了该学科的整体水平。同时，重点学科的建设又带动了相关学科的同步发展。通过努力，有望在高校内逐步形成在社会上有一定声誉和影响力的特色学科和优势学科。二是通过学科建设，可以促进学科带头人的成长，改善学科梯队的结构。学科建设的成效之一就是科研条件的改善，这是吸引高水平的教育人才的一个重要因素。因为吸引高水平的教育人才不仅仅靠高工资、高待遇，更重要的是好的工作环境。新建的本科院校之所以很难吸引大师级人才，不光是学校知名度低的原因，其主要原因是没有很好的科研条件。如果不从根本上解决这个问题，那么学校的现有人才也可能逐渐流失。学科建设是一项艰巨的工作，在这当中可以促进学科带头人的迅速成长，同时学科建设也有助于改善学科梯队的结构，使师资队伍的学术水平得到提高。三是通过学科建设，可以改善学校的实验基地建设。在学科建设中，很强调基地建设，比如研究中心、工程中心等，也包括改善学科的科研条件。而学科建设经费可以弥补教学科研经费在购买大型仪器设备方面的不足，所以通过学科建设，可以改善学校的实验基地建设，提高实验手段的现代化程度。四是通过学科建设，可以提高教师的科研能力和学术水平，并推动硕士学位点的建设。要使学生有学习的动力，要创造好的教学、科研条件，要吸引、培养高水平的老师，就一定要抓学科建设，因为只有这样，才能提高教师的科研能力和学术水平，并推动学校硕士学位点的建设。争创硕士学位点，是任何一所本科院校尤其是新建本科院校要积极考虑的。只有通过学科建设，才能使该学科的科学研究水平提高、人才梯队结构更趋于合理、实验基地条件大大改善，若干年后该学科的学位点才可能水到渠成。五是通过学科建设，对深化改革、更新教学内容、提高教材质量起到积极作用。学科建设改善了实验基地条件，促进了教学水平的提高；提高了科研水平，促进了教材建设、课程建设；改善了师资队伍结构，从而提高了教学水平。

三、高等体育院校学科建设

高等体育院校学科建设指通过体育院校进行体育学科专业设置、人才培养，以及科学研究、知识生产等活动，结合体育院校的发展与创新，制定学科保障制度，尊重学科内在的发展规律，通过内涵建设，运用多种方法来促进体育学科成长的行为。目前14所高等体育院校的学科主要涉及体育学、心理学等一级学科，本书主要以体育学为主要研究内容。体育学是研究体育科学体系及其发展方向的一门学科，其内容主要是研究体育科学体系的结构、层次及其演变，应设置的学科，各学科之间以及与相关学科之间的相互渗透与综合发展的关系。

世界上较早的体育科学体系是随着教育的发展而建立起来的，属于教育范畴的一个科学分支，主要是为了培养体育师资而设置的。近几十年来，随着科学技术的进步，生产和生活质量的提高，不仅培养体育师资的科学体系有了新的发展，而且用于健康目的的身体锻炼活动也广泛地发展起来，并发展了相应的理论与学科；还有作为国际体育交往和人们文化生活重要内容的竞技运动迅速发展，出现了有关运动训练的科学理论与学科。这一切使体育科学的内容远远超出了原来用于教学的体系所包括的内容，因此，揭示体育科学中所有学科的内在联系，建立一个比较完备的体育科学体系，使合理设置的各门学科得以协调地发展，避免相互脱节和不必要的重复劳动，就成为加速发展体育科学必须解决的问题。基于此原因，体育发展史上开始有了"体育学"这个新学科和新概念。有的学者在其所著的体育理论或体育原理之类的著作中也包含有体育学，并且有越来越多的学者从事有关体育学的研究。由于各个国家的情况不同，对体育的要求有差异，不同学者对体育和体育科学的认识也就不完全相同，甚至差别很大，如有的学者认为体育学就是体育科学学，其中也包括体育科学的体系。所以，目前各国学者对体育学的认识既有共性，又各有特点。

王家宏在《体育学科的分化与整合》一文中认为，"特别是进入 21 世纪之后，随着中国社会转型进程的加快，体育在社会进步和人的全面发展中越来越彰显其独特的价值和意义，中国体育同样面临发展战略、发展路径的重新选择问题，需要积极融入和谐社会和健康中国建设之中，着力于解决体育事业和体育产业协调发展问题，解决金牌不断增多和青少年体质持续下降的问题，解决大众日益增长的体育需求与公共体育服务供给不足的问题，这些问题的解决必须根植于现代社会发展的时代诉求和体育学科自身发展的现实需要，通过科学研究解决体育学自身建设中的问题"，"1996 年，国家技术监督局在最新编制的最具有权威性的国家标准 GB/T13745—92《学科分类与代码》中，正式把体育学列为人文社会学类一级学科。1997 年，国务院学位委员会颁布的授予博士、硕士学位和培养研究生学科专业目录中，将一级学科体育学分为运动人体科学、体育教育训练学、体育人文社会学、民族传统体育四个二级学科"。"这种分类逐渐促使体育学科出现衍生和分化，体育新学科方向不断涌现，但同时也引发'原理性基本理论研究不够、整体性研究薄弱、二级学科发展失衡、学科与专业设置的关系模糊、与国际划分不接轨导致国际体育学术话语权有限'等现实问题。体育学科是一门研究人体运动的交叉性、综合性科学体系，既有自然科学又有社会科学，既有教育科学又有人体科学，既有基础科学又有技术科学。体育学科理应归属于生命学科的范畴。生命科学是 21 世纪全球范围内重点建设的学科，因此，我国的体育学科需要重新定位，体育学科的发展需要跨界整合。"

2017 年 9 月 21 日，教育部等 3 部委联合公布的世界一流大学和一流学科建设高校及建设学科名单中，全国共 2 所高等体育院校入选"双一流"——北京体育大学和上海体育学院。这两所顶尖的高等体育院校坚持"双一流"建设培养一流人才、服务国家战略需求、争创世界一流的导向，深化体制机制改革，不断提高建设水平，更好地为高等体育院校内涵式发展发挥引领作用。2022 年 2 月 9 日，北京体育大学和上海体育学院再次入选第二轮"双一流"建设高校，建设学科为"体育学"。

（一）北京体育大学一流学科建设方案解读

北京体育大学"双一流"建设学科为体育学，国家重点学科（一级学科）为体育学，国家重点学科（二级学科）为体育人文社会学、运动人体科学、体育教育训练学、民族传统体育学。

北京体育大学一流学科建设方案（简称"方案 I"）分为建设目标、建设基础、建设内容、预期成效、改革任务、保障措施等六部分，开启了学校建设综合性、高水平、有特色的世界一流体育大学新征程。此前，2017 年 9 月，教育部、财政部、国家发展和改革委员会印发《关于公布世界一流大学和一流学科建设高校及建设学科名单的通知》，公布世界一流大学和一流学科（简称"双一流"）建设高校及建设学科名单。北京体育大学入选一流学科建设高校，其体育学一级学科被列入"双一流"建设学科名单。

"方案 I"内容明确，其办学定位是，以建设综合性、高水平、有特色的世界一流体育大学为核心目标，坚持世界眼光、国际标准、中国特色、高点定位，坚持内涵发展、特色发展、协同发展、创新发展，建设以体育学为核心，教育学、心理学、临床医学、马克思主义理论等多学科交叉融合、协同发展的学科体系，着力培养又红又专、德才兼备、全面发展、具有家国情怀和社会责任感的体育及其他领域领军人才，着力探索中国特色、世界一流的高等体育教育发展新模式、新路径，为体育强国和高等教育强国建设以及全面建成小康社会提供高端智力支持和人才保障。学校的总体战略目标是建设综合性、高水平、有特色的世界一流体育大学，具体分为"三步走"：第一步（到 2020 年）：坚持重点突破，体育学部分学科方向达到世界一流水平，使学校以体育为核心的办学特色更加彰显，基本达到世界一流体育大学水平；第二步（到 2035 年）：坚持整体提升，建成具备世界一流水平的体育学科群，带动学校整体办学在"有特色"的基础上实现"高水平"，进入世界一流体育大学行列；第三步（到 2050 年）：增强综合实力，建成以体育学为龙头、以多学科为支撑的综合性学科布局，全面提升学校综合办学实力，跻身世界一流体育大学前列。

北京体育大学按照"四个面向"的基本原则，即面向奥林匹克运动发展、面向健康中国建设、面向国际学科前沿、面向体育文化传承创新，确定了四个主要学科方向：即运动训练理论创新与实践、运动促进健康的理论与实践、体育改革发展战略及体教融合研究、体育文化的传承创新与国际传播。"方案"规划了北京体育大学一流学科群的建设目标。近期目标（到 2020 年）：教育学门类 3 个一级学科整体水平显著提升，体育学一级学科特色和优势更加突出；临床医学以运动医学、康复医学理疗学为核心的学科特色更加凸显。体育学与相关一级学科实现深度交叉融合，不断提升学科的学术水平，基本建成世界一流体育学科。中期目标（到 2035 年）：在彰显特色基础上，全面提升各一级学科建设水平，体育学科指标达到世界一流，心理学、临床医学部分学科方向达到世界领先水平。体育学科群要成为高度融合、协同发展的有机整体，产生一批具有国际影响的标志性成果和领军型人才，建成一批享有国际声誉的学科平台、创新基地和智库，建成世界一流体育学科群。远期目标（到 2050 年）：进一步提升学科群的综合实力，各学科整体水平达到世界一流，显著提升服务国家战略的能力和参与国际对话与国际竞争的能力，形成世界体育学科建设领域中的"北体学派"，并在世界范围内获得理念认同、价值认同、模式认同，引领世界体育学科建设发展，全面建成具有中国特色、世界一流的体育大学。

"方案 I"展示了北京体育大学建设一流学科的坚实基础。近年来，学校不断强化学科建设的龙头地位，学科高峰初步显现；坚持人才培养中心地位，各类优秀人才辈出；突出科学研究先导作用，重大成果引领发展；明确教师队伍的主体地位，领军人物不断涌现；全面推进国际合作交流，国际化水平稳步提升。

"方案Ⅰ"明确了北京体育大学建设一流学科的主要内容：①培养拔尖创新人才，包括构建高点定位、特色鲜明的人才培养体系，完善衔接有效、分类灵活的贯通培养模式，发挥多学科、多平台的协同育人作用，建立多层次、多形式的国际合作培养机制；②提升科技创新水平，包括面向重点研究领域，建设高端平台；回应国家战略需求，优化科研布局；集聚科技拔尖人才，打造创新团队；培育重大创新成果，促进成果转化；③建设一流师资队伍，包括瞄准世界一流水平，引进领军人才；立足于可持续发展，建立人才梯队；改善教师队伍结构，提高整体水平；建立师德长效机制，培养"四有"教师；④深化国际交流合作，包括完善国际合作布局，建设全球合作网络；搭建国际合作平台，建立长效合作机制；统筹全球优质资源，提高国际化办学水平；⑤传承创新优秀文化，包括形成"北体风格"一流大学文化，弘扬"北体学派"优秀体育文化。

"方案Ⅰ"明确了北京体育大学改革任务：①深化治理结构改革，包括完善内部治理体系、深化管理体制改革、调整学科与学院设置、扩大学院办学自主权；②创新人才培养模式，包括开展人才培养改革试点、深化研究生教育改革、完善质量保障体系等；③深化科研管理改革，包括创新科研组织管理模式，完善科技评价考核机制，完善科研支撑体系，提高保障能力；④推进人事制度改革，包括规范人事编制管理，完善多元用人机制；创新师资队伍建设机制，完善管理制度；推进评价体系改革，完善人事激励机制；⑤创新国际化推进机制，包括建立国际化战略协调机制，构建国际化评估指标体系。

"方案Ⅰ"明确了一流学科建设的保障措施。北京体育大学将从加强和改进党的领导、完善工作机制、加大经费投入、建设数字校园、拓展办学空间、实施绩效评价、营造良好氛围等七个方面入手，切实保障"双一流"建设稳步推进。

建设世界一流学科已成为北京体育大学全校师生的坚定共识。北京体育大学将汇聚优质资源，以世界一流大学和一流学科建设为契机，打造具有中国特色、北体风格、世界水平的体育学科体系，创新人才培养模式，推进学科繁荣与创新、实现学科体系的更新与优化、提升学科的适应性和贡献力，培养一流的人才、产生一流的成果、做出一流的贡献。

（二）上海体育学院一流学科建设方案解读

上海体育学院一流学科建设方案（以下简称"方案Ⅱ"）由建设目标、体育学学科建设、整体建设三个部分组成。

"方案Ⅱ"明确发展目标：通过服务国家体育发展战略和区域创新发展战略，主动承担历史赋予的时代使命，遵循世界一流大学的办学规律，树立世界一流的体育学科高峰，基本确立世界体育学科发展序列中的"中国学派"。到2020年，体育学学科进入世界一流行列，形成世界一流体育学科建设的稳固框架，在世界体育学科领域内具备一定的话语权。通过一流学科建设，探索形成体育高等教育的"中国方案"，学校成为中国建设体育强国、健康中国，上海建设科创中心、"全球著名体育城市"的重要支撑极，基本建成世界一流体育大学。到2030年，体育学学科稳居世界一流学科行列，建成体育学科优势明显的世界一流体育大学，在世界体育学科领域具备较强的话语权，逐步塑造具有中国特色的世界一流体育学术标准。到21世纪中叶，体育学学科位居世界一流前列，全面建成处于世界领先水平的一流体育大学，引领国际体育学科发展方向。

"方案Ⅱ"明确建设内容：①探索人才培养新模式，培养体育拔尖创新人才，如以立德树人为根本，把社会主义核心价值观体现到教书育人全过程中，把思政课程作为人才培养的核心课程，开设"体育强国"系列课程，打造一体化育人的格局；②打造世界级科研平台，创建学科优势特色，如主动对接国家和区域重大战略需求，在学生体质与学校体育、运动康复与健康、体育经济与管理（含公共体育服务）、运动项目协同创新、体育文化传承与创新等方向开展体育学科的研究，重点建设兴奋剂检测研究平台，重点建设体育大数据中心，组建奥林匹克运动科学研究院；③主动服务国家重大战略，提升服务决策咨询能级，如建设高端体育智库，重点开展新一轮全民健身计划（2016—2020年）实施效果第三方评估，开展"中国儿童青少年体育健身大数据平台建设研究"，组建"上海市运动与健康产业协同创新中心"；④弘扬优秀的体育文化，打造中国体育的"国字号"名片，如把蕴含于中国体育非物质文化遗产中，具有当代价值、世界意义的文化资源挖掘出来、传播出去；⑤建立学科人才特区，聚集一流师资，如在学生体质与学校体育、运动康复与健康、体育经济与管理（含公共体育服务）、运动项目协同创新、体育文化传承与创新等方向组建"创新团队"，实施教师分类管理制度，着力提高学科教师队伍的教学水平，提高学术创新成果产出率和贡献度；⑥实施"国际上体"计划，提升学校的国际影响力，如探索高水平体育类人才国际合作培养模式，大力推动与世界知名大学在本硕博联合培养、双学位授予和学分互换等领域的合作。

"方案Ⅱ"明确一流学科的预期成效：①人才培养方面，基本形成"高本贯通（中本贯通）""本硕贯通""一体贯通（义务教育阶段—中等教育阶段—高等教育）"的高质量竞技体育生源涵养机制，推进"运动员学生"向"学生运动员"转变，形成大中小一体化高水平竞技体育人才的培养体系等；②科学研究方面，完成兴奋剂检测研究平台、体育大数据中心、上海市运动与健康产业协同创新中心等学术平台阶段性建设任务，体育学科国际学术排名进入前100名，国家级课题立项数继续保持全国体育院校的领先地位，着力提高科研成果数量和质量，SCI、SSCI、EI、A&HCI收录论文数在全国体育院校保持领先，发表 ESI 收录论文数取得突破；③社会服务方面，定期发布中国青少年体育健身指数、全国体育消费指数，建成公共体育服务发展研究中心、全民健身评估中心、体育产业大数据平台，为 2020 年东京夏季奥运会和 2022 年北京冬季奥运会提供高质量的科技攻关服务，基本建成"环体院体育产业经济圈"，服务地方区域战略发展；④文化传承创新方面，建成国际乒联博物馆和中国乒乓球博物馆、国家非物质文化遗产中心体育非遗国家级基地，进一步提高《运动与健康科学（英文）》（JSHS）的学术地位，使其成为国际体育学科顶级刊物；⑤师资队伍建设方面，组建"创新团队"，全面实施"预聘—长聘"制度、协议工资或年薪制度、分类管理制度，大幅提升海外获得学位或有一年以上研修经历的人员比例，基本形成科学合理、有竞争力、能够冲击一流学科的师资队伍结构；⑥国际交流与合作水平方面，增加 1 个以上国际合作办学项目（学历学位教育），学历学位教育的国际学生近 500 人，这不仅实现国际师资零的突破，而且将加大引进力度。

"方案Ⅱ"明确落实五大建设任务的举措：①完善人事制度，如对照一流师资队伍建设目标要求进行顶层设计，建立相应的体制机制，全面推进学校人事制度改革，完善高层次人才刚性和柔性引进机制，全面启动全职和兼职、长聘和短聘、编制内和人事代理等多种方式的用人模式等；②创新人才培养模式，培养高水平竞技体育人才需要构建大中小一条龙的培养体系，在体制机制上进行突破，打造高端竞技体育人才培养范式；③改革科研管理机制，坚持高峰战略，以体育学"一流学科"建设为契机，组建一流学术团队，加大重大基础性项目与应用型项目研究，形成原创性研究成果，构建科研协同创新机制，组建跨区域、跨学科、跨领域科研平台，提升学科建成的社会影响力；④打造体育特色智库和体育文化基地，依托现有智库和拟建的"上海市运动与健康产业协同创新中心"，推动学校与社会、政府对接，加强公共体育服务、学校体育、体育产业、体育德育、体育文化等研究平台的建设，提高研究成果的影响力和辐射力，进一步增强决策咨询研究的社会服务能力等；⑤打造"环体院体育产业经济圈"，通过推进上海体育国家大学科技园的建设工作，进一步有效构建体育产业产学研融合发展的要素配置、政策机制和市场运营新体系，促进体育科技成果转化转移，提升体育学科服务国家体育产业经济的贡献度。

"方案Ⅱ"明确五大改革任务的举措：①加强组织保障，学校成立一流学科建设领导小组，统筹学校整体建设和学科建设；②建设现代大学制度，着力落实学校《章程》制度内容，优化学校内部治理结构，推进大学治理体系和治理能力现代化，完善校院二级管理的运行规则和制度体系，积极推动校院两级管理改革试点等；③深化人才培养和学术创新改革，以创建竞技运动科学学院、奥林匹克运动科学研究院和筹建兴奋剂检测平台为主要抓手，实现科教协同育人、育人驱动创新的发展目标，深度整合学校和上海市相关科研力量，带动学校研究生培养质量的提升，建立一流的学术创新人才梯队；④创新社会参与机制，创新与行业、区域以及相关领域的合作机制等。

"方案Ⅱ"明确三大机制：管理体制机制、自我评价调整机制及资源筹集与配置机制。①管理体制机制。学校将通过深化综合改革，破除体制机制障碍，统筹学校整体建设和学科建设，成立一流学科建设管理办公室，明确一流学科建设的时间表和路线图，从制度层面予以推进落实。②自我评价调整机制。一流学科建设过程中，将充分发挥绩效评价的引导作用，建立全球体育学科成果数据库，定期开展自我评估；依托专业评估机构，开展第三方评估。学校根据多方评估绩效进行资源调整并出台相应的管理办法，确保一流学科建设目标如期完成。③资源筹集与配置机制。一流学科建设需要在对现有资源整合的基础上，全面提升学校的区域空间。优化调整学校的整体布局，在崇明国家体育训练基地附近建设新校区，为建设一流学科提供办学空间资源。多措并举，建立多元化的经费筹集机制。

第二章　高等体育院校学科建设的发展历程

高等体育院校作为高等教育的重要组成部分，在我国高等教育结构体系中有着独特的地位，在促进体育事业发展、全面建设体育强国中有着不可或缺的作用。我国体育学院设置的结构分属两个系列：一是单独设置的体育大学和高等体育学院，全国目前共14所；二是综合大学和师范大学中设置的体育学院，是在体育系（部）的基础上扩建而成，作为二级行政管理单位存在。

为适应社会和体育事业发展的需要，高等体育院校作为专业特色明显类型的学校，仍保持独立的建制，但管理体制在发生着变化，因此，有必要对新中国成立后高等体育院校的发展历程和体育学科的发展历程做一个梳理，这对于全面分析高等体育院校学科发展，并对学科发展提供学理思考具有重要的意义。

第一节　高等体育院校发展历程

一、建国初期的体育院校（1949—1955 年）

1949 年新中国成立后，我国就开始探索建立符合中国国情的新中国教育体制。在社会主义计划经济体制逐步建立的同时，对旧体制教育进行社会主义改造，吸收革命根据地教育经验和借鉴苏联模式，在经济困难、教育落后的条件下，形成了新型教育的雏形和体制基础。高教部、教育部、国家体委、财政部于 1952 年 8 月 31 日下发了《为调整若干高师体育系科，成立体育学院的联合通知》，"为了逐步解决目前全国体育师资与工作干部不足的问题，拟以几个高师或大学的体育系科为基础，在中央及各个行政区分别成立体育学院……以北京师范大学体育系为基础在北京成立中央体育学院"。1952 年 11 月，上海体育学院成立（原名华东体育学院），由原南京大学、华东师范大学和南京金陵女子大学等院校的体育系科合并而成。1953 年 1 月 1 日，北京体育大学（原名中央体育学院）在先农坛举行了开学典礼，1954 年 1 月 2 日至 3 日迁入新校址，并于 1954 年根据当时中等体育教育发展的需要，设立了 3 年制中等专业科，共招收 247 人。

在借鉴苏联体育大学的办学模式的基础上，根据当时中国国情，由"系部"组建"大学"，使用苏联体育学科的教学计划和教学大纲开展课程。1953—1956 年，我国相继合并了一批高校体育系，筹建了 6 所高等体育院校（见表 2-1 所示）。

表 2-1　我国高等体育院校创建初期的基本情况

序号	学校原名	建校时间	现用校名	更名时间
1	华东体育学院	1952 年	上海体育学院	1956 年
2	中央体育学院	1953 年	北京体育大学	1994 年
3	西南体育学院	1953 年	成都体育学院	1956 年
4	中南体育学院	1953 年	武汉体育学院	1956 年
5	东北体育学院	1954 年	沈阳体育学院	1956 年
6	西安体育学院	1954 年	西安体育学院	1956 年

1951 年，我国招收了 9 位第一批体育专业研究生，这批研究生于 1953 年顺利毕业，这标志着新中国体育专业学位与研究生教育进入了起步阶段。为了更好的发展体育专业学位与研究生教育，并鉴于当时特殊的国内外环境，我国开始大量聘请苏联体育专家担当体育专业指导老师，以培养体育专业研

究生，比如北京体育大学（原中央体育学院）于 1952 年开始先后聘请了苏联有关体育理论、运动生理、田径、足球、体操、游泳、运动解剖、体育卫生等 8 个专业的 10 位专家担任研究生指导老师。

二、全面建设社会主义时期的体育院校（1956—1965 年）

1956 年，在我国基本完成社会主义改造的背景下，各项事业进入了全面大规模建设时期，基本形成了新中国的教育事业计划管理体制：教育行政管理"条块结合"、重心较高，保证了党和政府对各级各类学校的领导；办学以政府和公有制单位为主，教育投入以政府为主，坚持"两条腿走路"的方针，培养选拔国家建设急需的专业人才，有力推动了基础教育的发展。

高等体育院校在借鉴苏联经验的基础上，重新确定办学定位，从重理论、轻术科，重教学、轻训练，变为体育师资、教练员和优秀运动员的培养同步性发展的"三位一体"的办学定位；编写全国高等体育院校统一的教学文件和用书，并于 1958 年完成了体操、田径等 18 种课程教学大纲的制定和颁布；在全国范围设置体育科学研究机构或者研究小组等研究群体。在这阶段，我国专门性体育院校发展迅猛，到 1959 年时已达 18 所，1960 年又猛增至 29 所。

上海体育学院于 1957 年开始聘请苏联有关体育理论、排球、篮球方向的专家培养这三个方面的研究生。在苏联体育专家的帮助下，我国体育专业研究生教育在这个时期经历了一个快速发展的黄金时期，"截至 1959 年 10 月，北京体育学院、上海体育学院已培养体育理论、运动生理、人体解剖、体操、足球、篮球、排球等专业研究生 200 多人"，这些人才的培养奠定了新中国体育学学科发展的基础。

三、"文化大革命"时期的体育院校（1966—1976年）

"文化大革命"时期，我国教育事业受到了严重冲击。高等体育院校被迫停止招生，十多年来建设的成功经验被否定，发展处于"停滞"状态，高等体育院校的工作受到了极大的破坏，"有的体育院校曾被撤销或归并，有的院校虽还存在，但也多年不招生"。高等体育院校以培养当时学校体育教育的教学师资为主，忽略了对于优秀运动员的人才培养。随着高等院校停止招生，初步建立起来的适应我国国情的、比较规范的学位与研究生教育也被迫取消。

1972年，北京体育学院率先开始恢复招收工农兵大学生，西安体育学院和成都体育学院等学校也随即逐步开始招生，这些学校本专科招生的较早恢复为体育学研究生教育的恢复奠定了基础。1973年，原国家体委下发了《关于高等学校体育专业1973年招生工作意见》，全国范围内高等体育院校相继恢复招生，其开设专业仍旧按照停办之前的专业进行。

四、恢复和发展时期的体育院校（1977—1991年）

在这一时期，我国各项事业迎来了新的发展机遇。在改革开放潮流的推动下，为了适应经济体制、政治体制改革的要求，开始建设有中国特色的社会主义教育体制，教育体制改革由此稳步推进。党的十七大报告明确了深入贯彻落实科学发展观、全面建设小康社会的基本方略和目标要求，提出要"优先发展教育、建设人力资源强国"，为教育发展和教育体制的进一步改革提供了新的目标和动力。1978年，原国家体委下发了《关于认真办好体育院校的意见》，对高等体育院校的建设提出了非常详细的指导意见，主要包括高等体育院校的办学定位、机构设置和学科建设等内容。并于1979年下发了《关于提高教学质量，充分发挥体育院校在我国体育事业中作用的通知》，对高等体育院校教学质量和训练工作均提出了细致的要求——在办学思想和理念上进行调整，在培养各种类型体育人才的基础上，加大运动训练人才的培养。

五、深化改革时期的体育院校（1992—2011 年）

在 1992—1993 年快速发展之后，90 年代中期我国开始实行适度发展的方针；1997 年，党的十五大提出"稳步发展高等教育"；1999 年，党中央、国务院《关于深化教育改革，全面推进素质教育的决定》明确提出，"通过多种形式积极发展高等教育，到 2010 年，我国同龄人口的高等教育毛入学率要从现在的百分之九提高到百分之十五左右"，紧接着在全国范围内扩大高校招生规模，使高等教育出现了加快发展的局面。在这个发展时期，高校实现了从计划经济体制下的人才供给型高校向市场经济体制下的社会需求型高校的转型。

《2001—2010 年体育改革与发展纲要》提出，加大直属院校教育管理体制、办学体制和内部管理体制的改革力度，合理配置和充分利用现有的体育教育资源，不断改善办学条件，提高办学质量。要适应体育改革和发展的形势，特别是体育社会化、产业化的需要，不失时机地优化专业结构、调整教学内容，改进教学方法，培养跨世纪的各种体育专业人才。充分发挥体育院校知识密集、科技含量高的优势，尽快把体育院校办成名副其实的教学、科研、训练"三结合"的基地。2001 年 2 月，教育部、国家体育总局、国家计委、财政部联合发文《关于调整体育总局所属学校管理体制的实施意见》，指出除北京体育大学继续由体育总局直接管理，并将其重点建设成为综合性、高水平的教育、训练、科研"三结合"基地外，从 2001 年起，上海体育学院、武汉体育学院、西安体育学院、成都体育学院、沈阳体育学院实行中央与地方共建、以地方管理为主的管理体制；采取地方体育部门与教育部门共管，以体育部门为主的管理方式。2002 年形成的"1+5+8"管理体制，即国家体育总局管理的学校 1 所，国家体育总局与地方政府共建、以地方管理为主的学校 5 所，地方政府管理的学校 8 所。

在这一时期，高等体育院校顺应改革趋势不仅扩大了招生规模，其专业设置和在校生人数也都达到了历史之最。同时，高等体育院校也对体育人才培养的内容和形式进行了相应的调整，以期能够适应快速发展的社会形势。

六、内涵式发展时期的体育院校（2012 年至今）

《国家中长期教育改革和发展规划纲要（2010—2020 年）》提出，树立以提高质量为核心的教育发展观，注重教育内涵的发展。2012 年，《教育部关于全面提高高等教育质量的若干意见》（"高教 30 条"）提出"坚持内涵式发展"。2017 年，习近平总书记在党的十九大报告中提出"加快一流大学和一流学科建设，实现高等教育内涵式发展"，指明了我国高等教育发展当前和今后相当长一个时期的发展理念和重点任务；教育部、财政部、国家发展改革委印发《关于公布世界一流大学和一流学科建设高校及建设学科名单的通知》，公布了世界一流大学和一流学科（简称"双一流"）建设高校及建设学科的名单。

"双一流"建设对于提升我国教育发展水平、增强国家核心竞争力、奠定长远发展的基础，具有十分重要的意义。北京体育大学、上海体育学院入选一流学科建设高校，这为高等体育院校建设发展提供了新理念和新路径。新时代高等体育院校内涵发展应着力完善治理体系、服务国家战略、助推新时代发展，在功能定位、办学特色、服务能力、综合效益等多方面改革创新。

第二节　高等体育院校学科发展历程

2013 年，黄汉升等学者参与编写《学位授予和人才培养一级学科简介》，对体育学学科的概况、内涵、范围和培养目标等进行了界定和规范，为体育学学位授予单位加强学科建设、制定培养方案和开展学位授予等工作提供参考。其书中认为，体育学是研究体育现象及其规律的科学。体育学以人们对体育需求的认识和体育实践的发展为直接动力，以运动中的人和人的运动为研究对象，以体育的本质、体育与社会促进、体育与人的发展、体育与传统文化的关系等为主要研究内容。体育学的主要任务是揭示体育活动的自然科学基础和体育活动中人体变化的规律、社会生活各个领域中所发生的体育现象的规律，以及利用这些规律指导体育实践。体育学在与自然科学、人文社会科学众多相关学科的交融中汲取了丰富的营养，逐渐建立起具有鲜明的综合性和应用性特征的科学体系。

按学科性质及社会发展的需要划分，体育学分为体育人文社会学、运动人体科学、体育教育训练学、民族传统体育学等学科方向。体育人文社会学是从人文社会学的视角探究体育发生、发展及其规律的一门学科。它以体育的本质、价值、结构、功能、行为、关系、制度、管理等为研究对象，现已形成体育哲学、体育社会学、体育史学、体育心理学、体育法学、体育经济学、体育管理学等诸多研究方向。运动人体科学是研究体育运动过程中人体变化的规律和提高人类运动能力的一门学科。它以体育运动中的人为研究对象，是在体育学、生物学和医学交叉的基础上形成的，现已形成运动解剖学、运动生理学、运动生物化学、运动生物力学、运动与锻炼心理学、体育测量学、运动营养学、体育保健与康复等诸多研究方向。体育教育训练学是研究体育教育和运动训练过程的本质特征和基本规律的一门学科。它以体育教育和运动训练为研究对象，是集教育学、生物学、心理学、社会学等学科知识对体育教育与运动训练实践进行研究而形成的，现已形成学校体育学、体育课程论、体育教学论、运动训练学、运动竞赛学、运动项目的理论与方法等诸多研究方向。民族传统体育学是研究中国武术、传统养生体育及中华民族民间体育的本质、现象和规律的一门学科。它以武术、养生以及其他民族民间体育为研究对象，是中华传统文化与体育相结合而形成的，现已形成武术理论与方法、体育养生理论与方法、民族民间体育发展、武术文化与教育、武术传播等研究方向。

体育学作为高等体育院校的主干学科，其发展阶段的划分有三种方式：一是根据体育事业的发展水平和社会影响程度划分；二是从政治制度的变更和社会意识形态的发展对体育学科发展的影响做划分；三是从体育院校（系）学科专业设置的变化做划分。孙晋海教授认为，纵观我国高校体育学学科 100 多年的发展历程，体育学发展演进分为"借鉴引进—总结探索—复兴分化—学科创建—快速发展"六个阶段，表现出体育学在由项目→课程→专业→学科的演进过程中，从小到大、曲折徘徊、螺旋上升、不断发展的特征。

根据体育院校的发展历程，学科发展可分为准备时期、起步时期、曲折时期、稳步前进时期、调整优化时期和快速发展时期。

一、准备时期（1949—1956 年）

在 20 世纪 50 年代，我国全盘接受苏联的体育理论体系，以巴甫洛夫高级神经学说为基础形成的体育教学理论、运动训练体系已现雏形。苏联的体育理论体系比较清楚，研究对象比较明确，但是没有很好地与我国的具体实际相结合，在学习中出现了对体育认识的偏差。由此，在体育学科理论层面，使得我国体育理论水平出现了下降，体育学学科的研究对象变得含混不清；在体育实践上，过度强调运动训练也成为当时我国体育存在的重要问题之一。

二、起步时期（1956—1965 年）

20 世纪 60 年代，我国开始建设自己的体育理论体系。1961 年出版了首部体育学院本科《体育理论》讲义，1963 年出版了中等体育学校《体育理论》讲义。建国初期只设置了一个"体育"专业，到 1957 年增至六个专业。到 1963 年，设置了七个体育专业，即体育、武术、游泳、体操、球类运动、水上运动、田径运动，并提出要开始尝试创办运动保健专业。

教材的编写和专业设置的变化，反映了我国的学科建设已经起步，具有一定的实践经验，为体育学学科发展奠定了坚实的基础。

三、曲折时期（1966—1976 年）

"文化大革命"期间，我国高等体育院校的工作被迫停滞。虽然北京体育学院于 1971 年恢复招生，西安体育学院和成都体育学院等学校从 1972 年也开始招生，但是刚刚起步的体育学学科在这个阶段基本处于停滞状态。

四、稳步前进时期（1977—1991 年）

"文化大革命"结束后，原国家体委对高等体育院校的发展极其重视。20 世纪 80 年代初期，国内学者对体育学学科体系进行了初步探索，以学术研究的视角对"体育的结构""体育本质""体育学学科在现代科学体系中的地位""体育的学科属性""体育与运动的关系"等问题进行了讨论，分别提出了体育学学科体系的架构（如图 2-1、图 2-2、图 2-3 所示）。

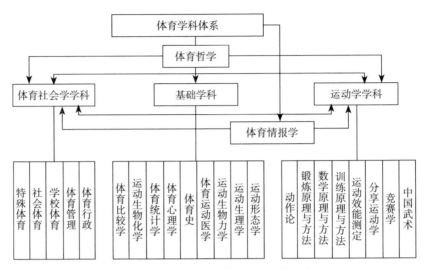

图 2-1　胡晓风的体育学科体系结构示意图

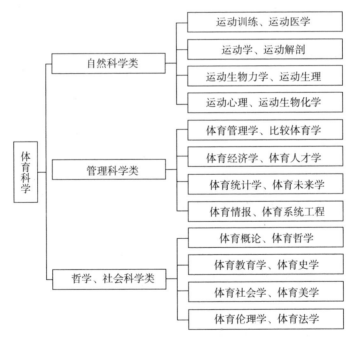

图 2-2　熊斗寅先生的体育学科体系结构示意图

图 2-3　周西宽的体育学科体系结构示意图

1983 年，国务院学位委员会发布了《高等学校和科研机构授予博士和硕士学位的学科、专业目录（试行草案）》，将体育学放在教育学门类下，下设体育理论、体育解剖学（含运动生物力学）、运动生理学（含运动生物化学）、体育保健学、运动训练学、体育教学理论与方法、武术理论与方法、体育史、体育管理学、运动医学等 10 个二级学科（如图 2-4 所示）。

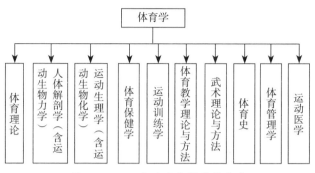

图 2-4　1983 年的体育学学科体系

1984 年，成都体育学院成立了体育学研究室，研究室汇聚了体育管理学、运动员选材学、体育史学、比较体育学、体育美学等方面的研究人员。该研究室将体育学作为研究的重点，并于 1988 年出版了我国第一部体育学著作《体育学》，该书由周西宽等 11 位教师编著，从体育的结构、体育的本质和体育实践及研究方法三个方面构建了体育学的学科体系。

1990 年，国家教育委员会和国务院学位委员会联合下发《授予博士、硕士学位和培养研究生的学科、专业目录》，"体育学"依然是在教育学门类下，涵盖 10 个二级学科，对其中的部分内容做了调整（如图 2-5 所示）。

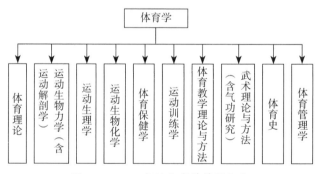

图 2-5　1990 年的体育学学科体系

20 世纪 80 年代中期以后，"体育史""运动心理学"等的学术地位逐渐恢复。同时期，我国竞技体育和群众体育得到极大的发展，仅从教育学的角度来研究体育理论和教学内容已难以适应体育实践的发展需要，体育概论、运动训练、学校体育和群众体育四门学科（课程）随之分化。体育与自然科学、人文社会科学交融形成交叉学科，体育学学科体系逐渐扩大，并由此推动了体育学学科体系的稳步发展。

五、调整优化时期（1992—2010 年）

1992 年，中国社会的改革进入一个新的历程，教育改革也进入了一个新的、更加富有活力的时期，高等体育院校的改革也进一步深化。20 世纪 90 年代体育学博士研究生教育开始起步，体育学博士研究生教育大大丰富了我国体育学研究生教育的内涵和质量。体育学研究生的培养指导方针即为"立足国内、适度发展、优化结构、相对集中、推进改革、提高质量"。

1993 年，国家教育委员会发布了《普通高等学校本科专业目录》，其中有 7 个本科体育学学科专业（如图 2-6 所示）。在国务院学位委员会和国家教育委员会联合下发的《授予博士、硕士学位和培养研究生的学科、专业目录》（1997 年），体育学二级学科专业由 10 个减少到了 4 个，即体育人文社会学、体育教育训练学、民族传统体育学和运动人体科学。

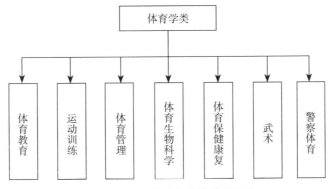

图 2-6　1993 年的体育学学科体系

六、快速发展时期（2012 年至今）

体育学从运动项目到课程，经过了初建专业、专业化发展、挫折与停顿、体育学的学科形成、体育学归属社会科学与学科重构、学科的快速发展的过程，我国体育学学科理论体系趋于完善，体育学科的交叉与融合表现得越来越明显，体现了体育学科的综合性学科的性质。随着高等体育院校内涵式发展和"双一流"建设的开展，北京体育大学、上海体育学院入围世界一流学科建设高校，为体育学的发展提供了历史性的机遇与挑战。

近几十年来，体育学学科的不断分化、与其他学科的交叉渗透，进一步推动了新兴学科的诞生，诸如运动人体科学、体育人文社会学、体育教学训练学、民族传统体育学等学科。随着竞技体育、群众体育、学校体育、体育产业的快速发展，未来体育学发展将呈现以下特点：①体育学与其他学科的交叉融合越来越紧密，进一步提升体育学的科学化水平；②各国之间在体育学领域的国际交流与合作更加频繁，体育学发展的国际化程度越来越高，将大大拓宽研究的视野、提高研究的水平；③体育学的理论研究与体育运动实践的结合更加紧密，产、学、研、用的合作进一步加强，体育科技成果转化率不断提高。

第三章　高等体育院校学科建设的研究动态

李振宏（1999）认为"任何一门学科，发展到一定程度，都必然要在两个方面取得成绩，一是对它的研究对象的研究的深入，二是对学科自身的研究的深入，并且后者的发展水平，标志着该学科成熟的程度"。多年来，众多学者对体育学学科建设展开研究，取得了一些有价值的研究成果，本书拟对这些研究进行总结、归纳、整理和反思，为体育学科的建设和发展做出理论铺垫。因此，笔者主要从中国知网等各种学术期刊数据库，对国内外关于体育院校学科建设的文献进行收集和梳理。为了保证文献收集的全面性，分别以"体育院校""学科建设"为主题，对中国知网中全部核心期刊和硕博论文中的研究文献加以搜索，共检索出 252 条结果，通过筛选，最后获得 54 条有效结果。对这些文献研究领域和主要研究结论等进行分析，旨在较为全面、清晰地了解我国体育学科的研究动态。

第一节　国外体育学科的相关研究

对国外体育学科建设研究的借鉴，有利于我国体育学科吸收新的学科建设思想。

一、英国

英国在学科建设与评价、人才培养管理等方面都有其科学的方法，多元化的学科评价以及开放式的学科管理为英国体育学学科带来了良好的发展。一方面，英国高校的体育专业设置形成了高校与政府、社会合作的"三位一体"的发展模式，体育专业建设与运动员精英训练、教练员培养体系有机融合，为体育科技研发提供了强劲的发展动力。另一方面，政府的高度重视在一定程度上，成就了英国先进的体育学科。

二、德国

德国在各分支学科的发展，特别是在体育教育学的发展中，扮演着重要的角色。而体育教育学在相当长的一段时间内，可以说是体育学的主体构件。从当前看，学科主要涉及人才培养和科学研究两个方面。具体到体育学来说，大学中独立设置体育院系，并赋予其学术认同，是体育学学科确认的重要标志。从已有的资料来看，德国大学在世界各国中较早确认了体育学的学科属性。

三、俄罗斯

在俄罗斯的体育学学科发展中，具有学科与专业设置庞杂、向国际化方向发展、"有限规划"学科发展模式、学科结构趋于均衡化、学科研究关注领域由"单一"走向"多元"等特点。

因此，我国体育院校的学科体系发展应注重学科专业目录和学科体系建设的延续性、学位授予的国际性、学科专业目录的统一性、学科专业目录的指导性等特点。此外，体育专业的开设要与体育学科建设同步，在学科建设的基础及社会的需求与效益上设置专业，使我国体育学科体系的构建更科学、更规范、更合理，更符合学科的诉求和社会的需求。

第二节 国内体育学科的相关研究

在我国体育学科建设的相关研究中，应注意以下几方面的研究。

一、关于人才队伍的研究

学者李相如、刘江南（1998）研究认为，体育院校重点学科建设的内部因素中首要因素是由人形成的教学、训练、科研队伍。首先，重点学科的建立和发展必须拥有德、才、学、能于一体的著名学者做学科带头人；其次，必须配置合理的学科梯队。

重点学科代表了学校的科研工作在某一领域或某一方向上的优势，要保持这种优势并能继往开来，就必然需要一支精良的学科发展梯队、有德才兼备的著名学者做学科带头人、有品学兼优的中青年学术骨干为主体、有一批勤奋向上并有潜力的年轻教师做后援，这个学科就能始终保持学科的领先性。

配置合理的学科梯队，具体地说，包括教师的年龄结构、职称结构、学历学位结构、学术和学科能力结构等。赵勇戈（2002）研究认为，体育院校要力所能及地为优秀人才提供条件和环境，如优先提供实验场所、仪器设备、教师住宅等，以优厚的条件吸引人才、留住人才；加强学科建设为优秀人才积极争取科研经费和项目，优先安排国内外进修，提高其学术知名度，以事业留住人才；做教师的知心朋友，帮助教师解决后顾之忧，以感情吸引人才、留住人才。学者韩冰冰（2018）认为在培养人才的过程中，应优化学科门类，建立师德长效机制，通过改善教师队伍的水平来着力培养德才兼备、全面发展的体育专业性人才，以推进体育学科的"双一流"建设进程。

二、关于学科建设的机制研究

学者金薇吟（2007）深入研究学科交叉的内在规律以及交叉从有机生成到功能发挥的全过程，将学科交叉机制分解为多元机制、融生机制、话语机制、同源机制、开放机制、增值机制等一系列子机制，既对其个别的特质、功能进行有序的详析，又通过综合分析进一步揭示其内在的有机整体性，初步建构较为系统的学科交叉机制理论。学者杨雪芹（2010）研究认为学科交叉在我国作为一个新的研究领域，研究内容和研究结果还存在着一些问题和局限。比如在学科交叉机制、模式、方法等概念的内涵和外延的确定上还没有统一的认识，界定比较混乱。对于这些概念之间的相互关系也缺乏认识和梳理。基本都是从单一角度分析研究一个概念和环节，缺乏将学科交叉问题作为一个有机整体，系统地将学科交叉要素、学科交叉动力、学科交叉模式、学科交叉障碍结合成一个整体来研究其动态机制。

刘新民等人（2013）在研究中指出，大学学科建设的机制是学科组织要素之间相互作用的运作方式。大学学科组织的基本构成要素包括学科发展目标、学者、学术信息、学术物质资料。由此，大学学科建设的机制实质上是在确定好学科建设的层面、学科发展目标等之后，明确"学科建设的主体、学科建设的载体和学科建设的客体"等基本问题。学者鲍善军（2018）提出要科学合理地构建高等院校体育专业学科群建设协同机制。学者陈雨、刘元国（2020）认为，体育学科建设要建设联动机制，建立学科规划与发展需求联动机制、人才培养与创新发展联动机制、师资队伍与社会支持联动机制、科学研究与资金保障联动机制，以及内部发展与外界交流联动机制。

三、关于师资队伍的研究

何艳华（2009）研究认为，加强学科队伍建设要实施"以人为本，人才强校"战略，学校要把加强中青年教师队伍的建设放在重要位置，不断完善学科带头人制度，加强骨干教师队伍的建设，有计划、有目的地培养中青年教师，不断推进师资队伍的学历结构、学科结构、职称结构、年龄结构、学缘结构的提升和优化，逐渐形成具有发展潜力的教师梯队，奠定学校可持续发展的坚实基础。学者于静静（2013）在研究中认为，应该努力打造一支含有 10 个左右成员，职称、学历、年龄、学缘结构合理，充满生机和活力的高水平教学团队，在此基础上形成一支以学科带头人为龙头，学术带头人为主体，中青年学术骨干为支撑，具有稳定研究方向和可持续发展能力的学术梯队，并鼓励更多的体育专业骨干教师到北京体育大学、上海体育学院等知名院校进行培训，提高其专业水平。

学者陈利（2016）认为加强学科队伍建设，一方面是要坚持引进与培育相结合，在引进人才方面，要以学科建设需要为主，适度引进有发展潜力的博士、教授，培育德才兼备的体育学科带头人；另一方面要培养好青年人才，同时要加强对教师的在职培训，培养一批复合型的中青年骨干队伍。学者韩爽（2017）在研究中认为，在师资队伍的建设中，首先在职称评定的过程中做到公平、公正、公开，杜绝人为因素的影响；其次，鼓励中青年教师积极申请课题，进行科学研究，改革职称晋升的渠道；再次，建立职称绿色晋升通道，对国家或云南省体育提高其社会学科发展有重大贡献的高水平人才破格晋升为教授。王嫣祺、王少军（2017）研究认为，当今的高校体育教师要与时代相结合，要不断丰富自己的专业水平、学术水平，并根据社会的需要，进行其他领域的学习，不仅要具备理论知识，还应具备相应的实践能力、科研能力，这样才能更全面地满足学生对知识的需求。

四、关于体育学科交叉的研究

学者高扬（2000）认为，现代自然学科、社会学科是分化发展的，但是现代的体育研究工作，特别是高、大、精、尖的研究工作却是多学科综合、交叉的研究才能完成。因此，在学科建设中一定要注意各学科间的协调关系，要体、医并重，文、理渗透，提倡各学科的交叉、嫁接，积极发展体育新兴学科、边缘学科。学者杨雪芹（2010）通过对体育的复杂性、体育学科的交叉性、大学体育学科交叉发展的机制进行理论与实证的研究，认为在体育学科建设实践中，体育学科知识体系的建构、学科结构的优化和划分等实践活动，必须在交叉学科的视野下开展。在体育学科交叉发展建设中，要坚持理论联系实际，从实践中发现问题，通过理论研究解决现实问题。从学科建设实践中，总结、推论、抽象出体育学科交叉学科的交叉发展理论体系，到实践中检验理论的正确性，形成理论与实践的双向拉动。

学者彭庆文（2011）认为要继续坚持"跨学科"培养高层次体育专门人才的基本思路，在培养过程中，加强对学生体育专业技能的训练。在入学条件上，提高对体育技能的基本要求。在研究生学历结构上，不断调整体育本科学历和非体育学历背景学生的比例。张慧君（2012）研究指出，不同学科的交叉与综合已成为当代科学发展的一个重要趋势。《国家中长期教育改革和发展规划纲要（2010—2020年）》指出要"优化学科专业、类型、层次结构，促进多学科交叉和融合"。体育实践活动是一个复杂的社会性系统，体育学科也正向多学科交叉的方向发展。体育院校的体育学要在同类学科中始终处于领先地位，要克服体育院校学科设置较窄（与综合性大学、师范类大学相比）的劣势，坚持以学科发展趋势和市场需求为导向，突出前沿、加强联合、发展交叉，培育有特色的学科方向，促进体育学科的创新发展。沈友青等人（2014）研究认为体育学科建设必须高度重视该学科的复杂性和交叉性，以整体的、复杂的、多维的视野来分析体育学科的发展现状和未来。体育学科交叉发展体现为跨学科研究、复合交叉型人才培养和新的体育交叉学科的产生。新建本科院校可依托大学本身的平台，利用学校多学科综合的优势，主动构建学科之间、学院之间的合作共建，探索体育学科与相关学科的交叉。可以利用与地方资源的整合，开展体育产业理论与实践研究，扩大体育学科的发展空间。

学者马冬雪、舒川（2018）研究认为，在一些发达国家，体育学学科已经发展成为相对成熟的、综合性的学科。在我国体育学学科建设实践中，学科知识体系的建构、学科结构的优化和划分等实践活动，必须在交叉学科的视野下开展。学者韩冰冰（2018）研究认为，高等学校在建设高水平、有特色的世界一流大学时，应完善学科布局、优化学科结构，突出学科建设重点、增加学科建设的竞争力，努力强化体育学科的引领作用，建立以体育学为核心，形成教育学、心理学、管理学、医学等多种学科的交叉融合。最终，建立以体育学为龙头引领，其他学科交叉建设的协同发展学科体系。高等学校在制定体育学科发展规划时，注意搭建学科共建平台，鼓励学科间开展交叉合作研究，发挥体育人才引领的基础作用。学者李海英、蓝水英（2019）认为可以将体育学科与当地特色学科知识进行研究，通过交叉学科研究的开展，使学科建设找到新的研究方向，也可为学科建设长期稳固运作提供良好的软硬件措施。

五、关于学科建设的搭建模式研究

学者张慧君（2012）研究认为，体育院校改革和创新学科建设管理模式，可在优势特色学科模式的基础上，辅之以立项建设管理及规划管理的学科管理思路，结合实际把多种不同管理思路进行整合与叠加，形成一种矩阵式的、综合型的学科建设管理模式。学者吴桦、沈克印（2020）研究认为优化教学团队管理模式使革新教学体制成为可能，这一点对于如今的体育院校教育体制尤为重要。体育院校教学团队管理模式的优化有利于突破学校现行体育教学组织管理体制的弊端，使得团队产出最大化，整合教学资源，促进体育教学研讨与经验交流，让教学与科研齐头并进，提高整体教学水平和质量，使得教学改革得以顺利展开。

学者杨学芹（2010）研究认为在大学体育学科交叉发展中，体育学科与多学科发生交叉除了按照这样的学科交叉机制展开、进行以外，由于体育学科在不同的大学环境中发育成长，其发育程度、发展的阶段、自身的基础、结构等特点的差别，以及所在学校提供的学科交叉平台、学校的优势学科等方面的差异性，体育学科在大学学科建设中学科交叉发展的类型和模式也有一定的差距。学者朱洪生（2019）在研究中提出了要搭建地方综合类高校体育专业产学研合作发展模式，产学研合作是综合类高校体育专业发展与响应国家创新战略的重要契机与手段。把握机遇，迎接挑战，借助产学研合作推动自身建设，为国家体育事业发展做出积极的贡献。

学者刘周敏（2014）以我国 14 所高等体育院校人才培养模式为研究对象，运用文献资料、专家访谈、逻辑分析等方法，以教育、科研、训练"三结合"人才培养模式为研究主线，对高等体育院校人才培养模式的现状分析后，以协同创新理念对人才培养模式进行优化。学者陈宁（2005）在研究中认为高等体育院校实施教学、训练、科研结合的办学模式，已经取得了成绩，积累了办学的经验。但是，各个学校在具体实施中也存在差异。由于学校的管理体制不尽相同，其指导思想和措施也有差异，加上所处的地理位置以及对"三结合"本身的理解程度不同，所以学校间的发展不平衡，实施的效果不一样。要进一步提高高等体育院校办学质量，提升办学水平，必须彰显学术性和竞技性的统一，加大教学、训练、科研结合的力度，实施教学、训练、科研结合的办学模式。

六、关于学科建设的实施路径研究

学者刘玉（2008）研究认为，学科内部建设是体育学科策略性发展的根本。在学科功能上，要实现大学集教学、科研、服务社会三位于一体，把人才培养、科学研究和服务社会紧密结合。在学科结构上，以构建文理学科为基础，以医、工、经、管等应用型学科为主干的多学科相互交叉融合、相互促进发展的体育学科体系。在学科管理体制上，要遵循学科发展既高度分化又高度综合的规律，建立科层组织和矩阵结构相结合的组织管理体制。在学科效益评价上，要以知识创新、体育人才培养、引领文化发展为根本，构建多元评价体系。在重视硬环境建设的同时，也要重视软环境建设。要努力营造良好的学术氛围，鼓励创新和冒尖，敢为人先；容忍失败；弘扬学术民主，反对学术"官僚主义"和"明星"效应；体现人文关怀，保护创新人才。学者何艳华（2009）研究认为高等体育院校要坚持以人为本，全面协调可持续的科学发展观，优化教育结构和教育资源配置，树立起不断创新的意识深化改革，不断在管理体制、管理制度、教学、专业建设、人才培养、科学研究等方面进行改革创新，注重办学效益，着力构建适应社会发展需要的学科专业结构体系，推进学科专业的全面、协调和可持续发展。

学者陈慧（2011）研究认为大学体育学科建设的路径，可以通过"范式"和"纲领"的研究，梳理出大学体育学科发展与学科研究中要遵守的若干准则，成为指导大学体育学科建设的理念和工作程序，起到规范与约束大学体育学科建设方向的作用。其中，跨学科学术研究，凝练具有本校特色的体育学科方向是大学体育学科建设的基础。基地建设和梯队建设是大学体育学科建设的基本条件和依托，也是学科发展水平的重要标志。科研项目建设以及相应的成果转化，是大学体育学科建设的载体和重要环节。高层次人才培养是大学体育学科建设的本质需求和关键内容。学者邹奇（2012）研究认为，学科建设应从学科发展的实际出发，紧紧把握国内外本学科发展趋势和前沿水平，积极创新、突出特色、形成优势，是学科建设规划的基本要素。借鉴、分析国内外学科建设经验，制定切实可行的学科建设规划，重点扶持，优先发展，重点投入，政策支持。

学者张惠君（2012）研究认为在以质量提升为核心的内涵式发展背景下，体育院校应以科学发展观为指导，以协同创新为突破口，以人为本、育人为先，通过结构优化、管理模式创新等手段，彰显学科特色，全面提高学科核心竞争力，加快高水平体育大学的建设步伐。学者赵利（2016）研究认为，体育学科建设应立足地方、服务地方，走差异化发展之路，以学科团队建设为关键，搭建学科平台，制定人才队伍建设、教学科研条件及管理目标，形成学科建设中长期规划。根据目标和规划，重点培养和引进高层次人才，建成结构合理的学科梯队。围绕学科主攻方向，积极建立平台，保证学科健康发展。学者黄程程（2018）研究认为在学科建设中，各个高等体育院校应该转变观念，加强领导，明确责任，严密措施，狠抓落实；加大经费投入，加强体育教学设施建设，建立与健全相关制度；进一步加强师资队伍建设，为学科建设提供人才保障；推动教学改革和教学研究，促进学科建设；调动科研积极性，从提高学术水平等方面入手，群策群力为体育学科群的建设与发展提供适宜的外部条件和强大的内部动力。

学者马冬雪、舒川（2018）建议在交叉学科视野下开展适应体育学的学科建设工作；高等体育院校和特殊教育学院应成为适应体育学学科发展的重要基地；加快适应体育服务机构的建设，打造专业的适应体育指导队伍。

七、关于普通高校进行学科建设的研究

李绍成、聂东风（2005）研究认为学科建设应融合学校教育特色，确立体育学科带头人，加大体育学科建设的投资力度，启动"主修非体育专业，辅修体育专业"双学位体育专业人才培养模式等，是非体育院校普通高校实施体育学科建设的有效途径。学者高扬（2000）认为体育院校学科建设要着眼于未来世界科技学科建设，要着眼于面向我国四化建设的实际需要，要立足本院并与市场经济相适应。学者彭庆文（2011）研究认为，普通高校体育

学科建设应该突出"跨学科、高要求"的特点，实施精品战略，在整个体育学科建设中占有一席之地，为体育学科发展做出自己的贡献。学者翟方（2012）研究认为普通院校在体育学科建设上有优势也有劣势，可以借鉴体育院校和师范院校体育专业人才培养和研究的成功经验，认真分析学校自身的特点、本区域经济发展和教育的实际需求，充分利用本校教育资源，从体育学科交叉性强的特点出发，以多元化、复合型的体育人才需求为方向，形成自身的稳定的研究前沿，构建体育学科的突破点和创新点。同时，为避免体育专业人才的低层次重复培养，应节约人才培养成本，合理配置教育资源。

学者赵利（2016）认为，地方高等院校体育学科建设为适应目前学校向应用型大学转型发展的要求，应不断地凝练学科方向、加大师资队伍建设、强化优势凝练特色、重视学科平台建设、不断提升科研水平、强化社会服务意识。学者王嫣祺、王少军（2017）认为高校在学科建设上应该调整专业设置，加强体育经营管理和社会体育专业建设，从而使体育专业教育跟上我国市场经济和全国体育发展的步伐，以获得更好的发展。学者鲍善军（2018）认为学术团队要在学科群的建设中努力营造跨学科的知识转换氛围，并鼓励用团队合作的方式进行联合申报课题，协同开展研究攻关，共享创新知识和成果。学者韩冰冰（2018）认为我国普通高校体育学科建设应注重强化学科建设引领，交叉学科进行融合发展，同时要利用人才引领作用，优化人才培养体系；加强体育科研建设，务实科技成果服务社会；完善国际合作体系，通过强化学科国际影响力等多种手段来加强普通高校的学科建设。学者刘青（2020）在学科方向的建设上，提出要构建以体育学为主体，运动医学为重点、多学科协调发展的"大体育"学科群，以及人才培养模式的"一线两翼"战略。

综上所述，通过文献分析可以得出，我国在学科的建设上与发达国家相比还有一定的差距，但是已经有不少的专家学者开始关注。其中，笔者发现学者们的研究大都集中在现状、问题及对策方面，且多为理论研究，实证研究较少，应用性一般。在体育学科、体育教育专业、体育院校的研究主要集中在学科发展与特色学科建设方面，但是对于高校向应用型高校的转型期的学科建设工作和研究相对较少，可以作为以后更进一步研究的方向。体育院校应以内涵发展为指导，以协同创新为突破口，以人为本、育人为先，通过优化结构、创新管理模式等手段，彰显学科特色，全面提高学科核心竞争力，以加快高水平体育大学建设的步伐。

第四章　国外体育院校学科建设情况的调查

笔者对德国科隆体育大学、早稻田大学体育科学学部、迪肯大学运动与营养科学学院、阿尔伯塔大学运动学体育与娱乐学院、南卡罗来纳大学、法国高等体育教育学院、瑞典体育与健康科学学院等近十所体育院校、综合性大学体育学科建设的发展情况，及其研究领域情况等进行了调研与资料分析。为使体育学科的发展建设更符合时代发展需要以及国际体育治理发展趋势的战略布局，笔者充分调研各体育教育发达国家的学科建设情况，分析发展的逻辑与趋势，提供充分的对比与辨析。

德国科隆体育大学作为欧洲最大的体育类院校，在其严谨的质量监管体系下，科隆体育大学本科各专业课程搭建与教学内容平均每两年进行更新与调整，并在官网进行呈现。其两大学科（人文学科、社会科学和经济学的学科；自然科学和生命科学学科）的教学内容以及运动员培养的方法时刻保持着前沿性，参考价值较高。英国拉夫堡大学凭借体育、运动和健康科学院成为世界排名第一的体育类院校，尽管拥有顶尖的科研团队与设施设备，但并不着重于进行研究成果至教学内容的转化。其知识传递的逻辑在于对基础学科知识的强调与保护，以及研究方法论的传授，以便引领学生在研究领域有所建树。澳大利亚迪肯大学凭借运动与营养科学学院成为澳大利亚排名第一的体育类院校，同样持有着强劲的科研实力。迪肯大学的核心在于通过实用性知识与就业能力武装学生。对于社会发展趋势的关注和把控，让迪肯大学可以迅速地在教学内容上进行调整，以便顺应社会需求，尤其当下的时局——后新冠肺炎疫情时代对公共健康与运动科学领域的冲击与激发，使得迪肯大学的课程搭建极具前瞻性。

一、学科设置情况对比

对德国科隆体育大学、早稻田大学体育科学学部、迪肯大学运动与营养科学学院的学科分类进行比较（如表 4-1 所示），可发现德国科隆体育大学和早稻田大学体育科学学部均把体育学科分为两类——一类是人文学科、社会科学领域，另一类是自然科学和生命科学领域。迪肯大学运动与营养科学学院的学科主要分布在运动与营养科学院、商学院以及教育学院。

表 4-1　国外知名体育大学学科情况对比表

国外知名体育大学	学科分类 / 所在学院	包含内容
德国科隆体育大学	人文学科、社会科学、经济学	包含体育哲学和教育学、体育社会学、性别研究、学校体育和学校发展、体育史和学校发展、体育史、体育政策和体育发展、通信和媒体研究、体育经济学和体育管理、体育法、舞蹈和运动文化、健康和社会心理学、体育学科的调解技巧
	自然科学、生命科学	包含生物化学、生物力学和骨科、运动和神经科学、认知和运动游戏研究、训练科学、运动信息学、分子和细胞运动医学、预防和康复运动、表现医学、生理学和解剖学、运动治疗和以运动为导向的预防和康复、表现心理学、运动和运动老年学、自然运动和生态学。
早稻田大学体育科学学部	人文·社会科学领域	体育对人类存在的意义的文化向研究方法；涉及体育文化的社会学实地考察；对体育应有面貌的探索；关于体育教育的实践理论探索；体育产业中的市场、媒体、赛事、设施等的分析；残障者体育指导理论的探索；针对适合各年龄层体育指导方针的研究；可用于体育商业场合的专业技能；支持体育实践的教育、指导方法
	自然科学领域	运动中心健康有关的体育医科学向研究；各种体育运动时生理反应与适应原理的解读；生物体在目的性运动过程中的机制解读；通过运动和锻炼提高生活质量；因运动而放松身心的原理解读；通过终身运动促进体育健康；运动技巧构成与提升的原理解读；运动表现提升的理论与方法；运动损伤的康复和预防；运动训练、调节与损伤防护员的实践技法
迪肯大学运动与营养科学学院	分布在运动与营养科学学院、商学院以及教育学院	临床运动生理学、锻炼与运动科学、食品与营养科学、健康与体育教育、体育活动与健康、健康科学、人体营养、运动执教、运动发展、体育管理、运动营养学

二、体育科研发展及平台建设情况

（一）德国科隆体育大学

德国科隆体育大学拥有现代化的学士和硕士课程，并以其研究闻名于世，在体育科学领域发挥着主导作用，并在此过程中永久地塑造了体育科学。优质的教育与国际化研究是科隆体育大学的座右铭。

科隆体育大学下设 19 个研究所——生物化学研究所、生物力学与骨科研究所、心脏病学与运动医学研究所、通信与媒体研究所、舞蹈与运动文化研究所、欧洲体育发展与休闲研究所、体育信息与训练研究所、运动与神经科学研究所、体育与老龄医学研究所、运动疗法预防及康复研究所、生态与自然运动研究所、教育与哲学研究所、职业体育教育与资格研究所、心理学研究所、学校体育与学校发展研究所、体育经济学与体育管理学研究所、体育历史研究所、体育法律学研究所、体育社会学与两性研究所，为该校来自 80 余个国家的约 6000 名学生提供了多样化的教学和研究机会。

（二）早稻田大学

日本早稻田大学体育科学学部设立有 2 个研究机构和 7 个项目研究所。2 个研究机构为体育科学研究中心和运动医学诊所。7 个项目研究所包括体育商业研究所、精英运动研究所、运动医学研究所、老龄健康研究所、体育产业研究所、体育文化研究所、体育科学未来研究所。

成立于 2006 年直属学部的体育科学研究中心，大约有 170 名成员，由体育科学学院的教师、访问学者和特邀研究员组成。其使命是进一步激发体育科学作为一门综合科学的研究，并将研究成果回报给社会大众。该中心的主要活动包括：开展研究和调查；展示研究成果；组织研究会议和讲座；作为大学和外部组织的联络人；接受研究和调查的委托并提供指导。该中心最重要的任务是促进与各公司、地方政府、行政机构、体育组织等的联合研究和委托研究。其每年都会进行 20～30 个联合或资助的研究项目，在过去的五年中总共有 130 多个项目。许多研究成果已在学术期刊上发表，并在日本和国外的学术会议上进行发言，同时，这些成果也反馈给联合或资助研究的合作伙伴，其结果返回给社会。

（三）阿尔伯塔大学运动学、体育与娱乐学院

加拿大阿尔伯塔大学运动学、体育与娱乐学院主要围绕适应性体育活动，运动与执教心理学，健康心理学与行为医学，运动与神经科学，生理学，娱乐、体育和旅游，社会文化研究等 7 个方面开展。

适应性体育活动的研究人员使用一系列来自体育、娱乐、舞蹈、创意艺术、营养、医学和康复领域的创新方法，对儿童和成人参与和融入体育活动、娱乐和运动环境有关的问题进行研究。运动与执教心理学领域主要从研究人员、教练员、运动员、父母和体育体制的视角切入，从心理学、管理学和社会文化的角度对从幼儿到精英运动员的运动参与和表现进行研究。健康心理学与行为医学领域主要结合医学和心理学的概念来研究身体活动和健康之间的关系。运动与神经科学领域的研究主题相当广泛，内容涵盖了从生物力学到运动和感觉所需的基本神经生理过程，再到身体如何运动和思考之间的互动。生理学领域主要包括运动生理学家在一系列不同的人群中研究与体育活动相关的机制，包括但不限于运动员、孕妇和从事体力要求高的职业的个人（例如消防员）。娱乐、体育和旅游领域的研究人员利用各种学科视角，研究包括体育、旅游、户外休闲、保护和休闲行为等问题。社会文化研究领域所包含的是一个多样化的研究小组，他们在一系列人类运动的背景下研究社会学概念，包括运动、体育活动和娱乐。

（四）南卡罗来纳大学

截至 2018 年，美国南卡罗来纳大学运动科学课程已经连续 3 年在美国排行第一，主要建有运动科学系（属于阿诺德公共健康学院），体育与娱乐管理系（属于酒店、零售和体育管理学院），体育教育专业（属于教育学院）。

南卡罗来纳大学大部分的体育科研是由阿诺德公共健康学院的运动科学系主持和进行。运动科学系的实验室、研究小组和中心由三个部门组成——应用生理学、体育活动中的健康、康复科学。应用生理学方向主要包括临床运动研究中心、脂肪和运动基础实验室、技术和行为干预实验室、妇女血管健康实验室；体育活动中的健康方向主要包括儿童身体活动研究小组、人类代谢实验室和预防研究中心；康复科学方向主要有康复实验室、感知运动评估和机器人技术实验室、运动行为和神经影像学实验室、应用神经力学实验室。

酒店、零售和体育管理学院是一个多样化的研究中心和研究所的所在地，致力于推动创新和促进其酒店管理、餐饮管理、旅游、零售、体育管理和娱乐管理等行业。学院内设有多个研究中心，进行与体育相关的研究，有体育和娱乐管理促进中心、大学体育研究中心。

（五）瑞典体育与健康科学学院

瑞典体育与健康科学学院是世界上在体育（体育锻炼、体育教育）领域最古老的教育机构。瑞典体育与健康科学学院在科研层面重点关注三个领域：有组织的运动与绩效发展、学校科目体育与健康，以及体育活动、可持续性与健康，并在执行层面落实到了 7 个研究领域——生物力学、生理学、体育活动与健康、体育文化、体育科学、体育教学法、心理学。

体育科学是在 1992 年瑞典体育与健康科学学院再次成为一所独立大学时形成的。瑞典体育与健康科学学院的体育科学研究有四个专业导向，其内容是基于从业者的基本想法、形式和构造。一是球类运动和球类游戏：包括个人或团队之间的竞技，玩家对游戏的想法和性格特征有关，如参与者的数量、球的特性和游戏板的设计。二是户外生活：指与自然的不同形式的接触，以便对人与自然的关系有深入了解，此类型研究是在森林、海洋和山区环境中进行。三是体操和田径：在使用和不使用工具的基本、复杂和复合形式的运动基础上，在个人和与他人的互动中探索身体意识。四是运动和舞蹈：无论有无音乐的情况下，探索身体、空间、形式和动态之间的关系，通过表现形式、文化形式和训练形式，单独或与他人的关系，对既定步骤和自由创造进行检查和测试。

瑞典体育与健康科学院的科研项目，均在 3 个实验室中进行，分别是生物力学与运动控制实验室、应用型运动科学实验室、奥斯特兰生理实验室。生物力学与运动控制实验室是为研究人类运动及其神经、肌肉和机械效应提供设备和方法，由运动分析实验室、力量实验室和神经生理学实验室构成。应用型运动科学实验室的建立是为了满足体操和体育学院各种教育中理论与实践相结合的需要，并满足体育运动对测试和应用体育科学的需要。奥斯特兰生理实验室以身体表现以及健康和福祉为重点，展开一系列的职业生理学研究。

（六）法国高等体育教育学院

法国高等体育教育学院将所有课程分置于三大模块之中：教育学课程、管理学课程、其他合作型课程。与之对应的，法国高等体育教育学院将自身的研究领域划分为 4 个类型——基础研究、社会研究、经济研究、教育和教学研究，致力于通过研究和创新发展，为体育运动科学与技术做出贡献和推动。

通过国外体育学科建设情况、体育科研和平台建设情况的调查发现，国外体育学科在建设历史上早于我国，建设水平也高于我国，体现出体育交叉学科研究范围较广、体育科学研究与社会结合较紧密、学科平台研究方向聚焦等特点，这些都为国内高等体育院校学科建设提供了很好的参考范例，具有很高的参考价值。

第五章　高等体育院校学科建设的生命线：科研发展

高校科学研究是学科建设与发展的基础，在学科建设过程中，通过对科学研究工作成果的逐步积累和对各学科理论体系的总结和完善，在原有学科的基础上，不断地进行科学地分割、划分和构建，完善学科建设的环境和条件，形成新的学科框架，使科学研究在不断深入的过程中，得以完善、发展和壮大。由此可见，高校科学研究在学科建设中的地位是十分重要的。

习近平总书记指出："科技创新是核心，抓住了科技创新就抓住了牵动我国发展全局的牛鼻子。"在当今世界，科学技术已经成为推动经济和社会发展的最重要的因素。随着"科教兴国"战略的贯彻实施，全社会的科技意识都在提高。近年来，高等教育的迅猛发展，全国各高校的办学规模不断扩大，办学层次不断提高，科研在促教学、促专业学科建设、为经济社会发展服务方面的作用日益显著，这就对高校科研提出了更高的要求。科研水平的高低是衡量高校综合实力的重要指标之一，科研是高校立身之本，是培养具有创新和实践能力的科研人员的重要手段之一。随着"科教兴国"战略的实施，高校为国家科技的发展提供了巨大的智力支持和源源不断的人才资源，作为科技生力军发挥着日益重要的作用。

科研是体育工作的重要组成部分，科研与竞技体育和群众体育的发展密切相关，体育科研的发展水平标志着一个国家体育运动发展的层次。国务院办公厅印发的《体育强国建设纲要》提出，统筹国际国内体育科技资源，构建跨学科、跨地域、跨行业、跨部门的体育科技协同创新平台，加强科研攻关、科技服务和医疗保障工作。依托高校、科研院所、高新技术企业，围绕科技攻关，聚焦奥运备战，组建各项目国家队复合型科研医疗团队，建设国家队训练大数据管理系统，组建大型赛事科研医疗保障营。《"十四五"体育发展规划》明确提出体育科教工作达到新水平的目标，体育科研体系更加完备，科技创新机制更加灵活，保障能力进一步增强；推进体育重大科研选题纳入国家"十四五"重点科技专项，推动国家重点科技专项成果的示范与应用；组织开展科技项目清单管理和科研成果入库工作，推动建设体育重点实验室、体育科技创新中心、体育高端智库等科研平台；实施"揭榜挂帅"机制，推动体育院校、科研院所增强体育科研创新活力，增加体育科技成果供给。

一、我国体育科研发展现状

自改革开放以来，中国体育不断适应市场经济改革提出的要求和带来的变化，不断深化对新形势下体育规律的认识和把握，持续推进管理体制和运行机制改革，努力推动理论创新、科技创新、制度创新，积极推进体育发展由粗放型向集约型转变，体育管理由经验型向科学型转变，拓宽发展思路，创新发展模式，释放发展动力，促进体育又好又快地发展。1978 年，国家体委在全国体育工作会议上明确提出"大打科研之仗"和"体育要大上快上，科研必须先行"的方针。并在 1979 年就如何全面开展体育科学技术工作做出了具体的要求和部署。1984 年，第三次全国体育科技工作会议确定了"体育要依靠科学技术进步，体育科学技术要面向体育运动发展"的方针。1989 年，第四次全国体育科技工作会议提出"要把发展体育科学技术放在体育发展战略的首要位置"，进一步加强体育科技工作与运动训练实践的结合。1994 年，开始组织实施《全民健身计划科技工程》《奥运争光计划科技工程》，使竞技体育和群众体育工作得到进一步发展。随后颁布了《国家体委关于贯彻科教兴国战略，加速体育科技进步的意见》，并制定和实施了《2001—2010 年体育科技发展规划》《全民健身科技行动计划》《奥运争光科技行动计划》。

国家体育总局发布的《2001—2010 年体育改革与发展纲要》中，明确地指出了现阶段及今后一个时期内我国体育科技方针，即"遵循'科学技术是第一生产力'的思想，坚持发展体育事业必须依靠科学技术，体育科技工作必须面向体育运动实践的方针"。体育科技工作从"科技兴体"到"科教兴体"，体育科技工作不断取得新的成果。由于高等体育院校的科研人员众多，并有丰富的承担科技服务项目的实践经验，可以胜任深入体育运动实践一线的科技服务项目，长期以来他们作为国家体育总局体育科技工作的主体和骨干，是奥运科技攻关与科技服务、全民健身科学研究的主要力量，负责主持和承担了大量国家体育总局重大科技攻关项目和重点运动项目的科技服务工作。

随着"科教兴体"意识的逐渐加强，各高等体育院校的科研队伍不断壮大，科研实力不断增强，形成了一支服务于"奥运"和"全民健身"的科研队伍，在历届奥运会的科技备战以及全民健身科技服务中，发挥了举足轻重的作用。

二、高等体育院校的科研现状

近 60 年以来，体育院校源源不断地为新中国体育事业培养和输送着体育人才，体育院校在建立之初就重视引进和建立中国体育专业学科体系、教材体系，是国家竞技体育运动人才、各级体育行政部门管理人才、教师和教练人才培养的重要基地，同时也是体育科学研究的重要基地。国家体育总局李颖川副局长在 2019 年全国体育院校书记院校长会议中讲道："面对重大历史契机和艰巨使命任务，要找准体育院校在体育强国建设全局中的坐标和定位，自觉、主动地担负起历史使命和责任，抢抓机遇，乘势而为，借势而上，积极发挥体育院校作为竞技体育后备人才培养基地的作用；对标国家队备战需求，培养体能训练、疲劳恢复、运动康复、数据分析、心理训练、反兴奋剂等高水平、复合型人才；开放办学理念，提升国际化水平，加强国际化的科技领军人才培养和引进，提高高新技术、高新材料、先进装备的研发、应用和推广能力；充分利用政策释放的活力，推进'体教融合'试点；打造以项目为载体的国际化科技攻关服务团队，逐步形成特色团队；进一步整合国内、国际优质资源，全方位与学校、体校、企业、俱乐部和社会力量探索合作，全方位参与'三大球'训练、竞赛和后备人才培养体系建设，为提升我国竞技体育综合实力、振兴'三大球'发挥更大作用。"

体育战线全面贯彻"科教兴体"战略，坚持以人为本、科技为翼，在科学技术是第一生产力思想的指引下，我国14所体育院校多年来充分发挥人才、科技优势，为振兴中华体育、推动体育科技进步做出了积极的贡献，形成了具有一定特色的科研攻关与科技服务体系，使运动训练的科学化水平得到了显著的提高；全民健身运动的科学化程度也不断提升，组织进行了国民体质监测与科技服务；体育信息、社会科学、软科学研究成果不断涌现，为体育有关部门提供了许多有价值的研究报告，提高了体育决策和管理科学化程度，成为我国体育科技事业中的重要组成部分，为我国体育事业做出了应有的贡献。但高等体育院校作为我国体育科技工作主力军，在科研工作的目标定位、管理体制、运作机制等方面仍存在诸多问题，制约了其应有作用的进一步发挥，因此，找出科研发展中存在的问题，并提出相应的对策，可以为相关部门和高等体育院校科研发展规划的制定提供依据和参考。

三、促进高等体育院校科研发展的建议

（一）加强科研团队建设，争取国家级重大科研项目

在高等体育院校，加强科研团队建设可以起到培养学科带头人、整合科研方向、培育特色体育学科、促进学科交叉、解决重大科学问题和催生重大科研成果等作用。团队建设是科研发展的根本，优势学科是基础，科研能力是支撑。因此，要拓宽视野，注重选拔优秀的科研人员来组建高效的科研团队。这就要求我们要围绕人才储备、成长和引进环节，建立一套完善的人才流动、甄别和选拔机制，形成非常可行、具有高度可操作性的规章制度。

体育院校要大力引进人才，以情引才，突出引进人才的价值，有条件的可适当提高引进待遇，同时在引进的时候要特别注意根据自己学校的需要来引进，要符合体育院校的学科建设需要、科研创新需要，引进的人才要能迅速发挥其自身价值，并能融入团队之中。同时，也要注重培养原有人才队伍，鼓励老师外出攻读博士学位，作为访问学者进入国内外的先进实验室交流学习。

只有组建良好的科研团队，才会形成强势的学科，进而进行科研创新。只有加强科研团队建设，形成一个良好的科研环境，才能让真正有能力并愿为科学事业献身的人才尽快脱颖而出，从而争取到重大科研项目。

（二）完善科研协同创新机制，促进科研成果转化

科研协同创新机制是指高校科研团队内部各组成要素之间相互作用、相互调节和共同创新，使高校科研团队创造力、创新力形成个体所不具有的结构、特征和功能。高等体育院校的科学研究与创新方向要适时地与地方政府及企业的紧急需求相结合，要特别从制度上加强高等体育院校内部的科研组织和管理，协调统筹安排好相应的科研工作，管理部门与科研人员要明确自

己的科研优势，加强对科研战略与方向的整体谋划，协调科研资源配置和利益分配，制定出既能照顾当前需要，又能保证未来发展需要的科研组织管理规范。

由于协同创新点毕竟有限，高等体育院校不要急于求成而贪大贪全，要加强以优势学科为主导的学科交叉融合，进而鼓励多学科之间开展协同创新，以优势学科为牵引，辐射关联学科，重视交叉点上的突破与创新。随着资源整合、局部突破和整体提升工作的开展，不断创新、拓展新的优势与特色。完善高等体育院校科研协同创新机制，可以弥补知识创造主体知识体系的不完备性，增加知识创造主体的创新能力，缩小知识创造主体合作动机的差异性，发挥更大的知识协同效应和创新优势，促进科研人员申报重要的科研项目，促进科研成果的转化，形成良好的科研创新局面。

（三）加强科研平台建设，开发科研潜力

要加强高等体育院校科研平台建设，首先，加强科研协作平台建设，以优势学科平台建设投入为导向，鼓励学科交叉与融合；整合、开放科研资源，提高科研设备仪器共享率；整合关联度高、学科互补的国家重点实验室和相关实验室资源，重点建设规模较大、学科交叉、人才汇聚的实验室，促进交叉学科发展和科技资源的优化配置。其次，加强科研管理平台建设，通过利益引导、学术环境建设等方式克服直线型的学术组织模式的障碍，促进组织结构扁平化发展，减少人为学术分割、降低人员流动限制，积极尝试建立以优势学科为重心、多学科相关联的科研管理平台，吸引教师和科研人员建设自身优势学科，集中资源办大事。再次，加强科研实践导向平台建设，知识经济时代，科学发展和技术更新正在形成共生关系和协调发展，要促进高等体育院校科研发展，靠单一学科的深入研究是难以胜任的，光靠科学界内部的跨学科和学科交叉研究也是不够的，体育院校学科的特殊性决定其发展必

须加以外延，应加强与经济和社会管理部门的联络和交叉，让科研成果走出校园，注重科研成果转化，坚持产、学、研、用结合的发展目标进行平台建设，全面开发高等体育院校的科研潜力。

（四）完善科研评价体系，提升学术创新能力

高等体育院校科研团队的考察十分复杂，只有使用科学合理的、具有本校特色的评价体系，对科研团队的能力、成果等多方面全方位地进行科学评价，才能够引导和激励科研团队，从而充分发挥团队成员的聪明才智，提升学术创新的能力。

绩效评价与激励机制是紧密相连的，科研团队绩效的取得与能否有效实施激励相关，而绩效评价也能够发挥激励、反馈的功能，推动科研团队的建设。因此，应把尊重科研人员、促进科研人员的发展作为科研评价活动的出发点，改变重成果考核、轻人员发展的倾向。对科研人员的考核应强调真正的创新，应根据人、科研活动的类型不同进行分类考核。对特别优秀的拔尖人才，如院士、"长江学者"、杰出青年基金获得者，绩效考核应避免提出单纯的数量指标和过短的时限要求，为他们创造宽松优越的环境，以做出重大原创性成果。

同时，可以加强社会参与，依托社会组织，建立独立的社会化科研评价机构，以维护科研评价工作应有的独立性。高等体育院校可借鉴其他综合院校的同行评议单盲法，为尽可能地避免各种因素的干扰，确保评价公正、合理，尤其是对参与评价的专家进行约束，在同行评议中应实行双向匿名制、利益攸关回避制及专家组定期轮换制等。另外，可创造条件建立网上评价系统，适时建立网上评价机制。网上评价具有更多优势，可以实现真正的匿名评审，保证公正的评价；可以促进学术交流，能及时地反馈评价意见；成本低、效率高，还有利于排除各种干扰。

（五）培育学术领军人才，树立学术声誉

高等体育院校要积极创造自己的品牌，培养学术领军人才、提高科研竞争力。实践证明，科研领军人才的产生和成长，既离不开自身的艰苦努力，更离不开成长的环境。可以说，高等体育院校要培养和造就科研领军人才，各级组织有责任创造和完善一个有利于科研领军人才成长的大环境。

首先，要培育优秀的科研创新团队文化，造就科研领军人才成长的沃土。良好的团队文化使团队形成平等、自由、和谐的学术氛围，形成百花齐放、百家争鸣的繁荣景象，这既有利于提高团队带头人的学术造诣、学者风范，促使其在重大研究项目中取得突破，产生重大成果，也有利于团队带头人的组织、管理、协调、沟通能力的提高，以及学术规范、学术道德水平的提升。其次，要建立科学公正的人才发现机制，保护人才的平等发展权。要对科研领域的高级人才或有突出贡献的中级人才，建立成果业绩的登记制度、验证制度和认可制度，让更多的学术领军人才得以突显出来。同时，要加大统筹力度，充分发挥"千人计划""万人计划"以及"长江学者奖励计划""新世纪人才培养计划"等项目的重要作用，集成各类人才项目资源，用足、用好国家人才政策，培育符合体育院校特点的学术领军人物，从而能够给研究团队带来充足的学术资源和创新动力，激发年轻人从事科研的热情和积极性。

第六章　高等体育院校学科建设的重要使命：
研究生培养

2020 年 7 月，习近平总书记对研究生教育改革发展提出了"坚持'四为'方针，瞄准科技前沿和关键领域，深入推进学科专业调整，提升导师队伍水平，完善人才培养体系，加快培养国家急需的高层次人才"的明确要求。习近平总书记强调，研究生教育在培养创新人才、提高创新能力、服务经济社会发展、推进国家治理体系和治理能力现代化方面具有重要作用。2020 年 9 月教育部会同国家发展改革委、财政部三部门研究制定并下发了《关于加快新时代研究生教育改革发展的意见》（教研〔2020〕9 号），标志着研究生教育改革发展进入了新时代。当前中国特色社会主义进入新时代，正处于中华民族伟大复兴战略全局的关键时期，我国研究生教育也正在经历从大到强的转变。经过新中国成立 70 多年的发展，我国研究生规模已经从 1949 年的在学人数 600 多人，发展到今天 300 多万人，我国已成为世界研究生教育大国。国际上大国竞争日益激烈，研究生教育的战略性、重要性更加凸显，准确识变、科学应变、主动求变的发展更为迫切。

第一节　高等体育院校研究生培养现状

一、新时代高等体育院校研究生培养现状分析

研究生培养承担着高端人才供给和科学技术创新的双重使命，是国家人才竞争和科技竞争的集中体现，是建设创新型国家的核心要素。根据培养目标的不同，目前我国高等体育院校研究生主要分为学术学位研究生和专业学位研究生两种类别。研究生培养过程主要包括：培养方案、培养制度、教学管理、课程建设、中期考核、实践教学、学位论文开题报告、学位论文中期检查、学位论文评审、学位论文答辩等内容。

我国体育学硕士研究生教育在经历了多年的快速发展后，已经初具规模，不论在招生数量上，还是在招生单位的数量、区域分布上都已达到前所未有的高度。招生单位的增多，招生规模的扩大，能否保障高质量的体育学硕士研究生培养和较高的就业率已经成为学者关注的问题。学者秦风林（2008）对我国研究生培养发展历程进行分析认为，我国体育硕士研究生培养规模逐步扩大，学科体系不断完善，培养类型不断增加，培养形式日益多样，管理水平不断提高。他提出通过转变观念、提高生源质量、加强课程建设、加强导师队伍建设、加强质量监督评价等方法，来实现体育教育训练学硕士研究生培养体系的再构建。学者张瑞林（2009）从培养类型、培养目标、课程设置、导师结构、科研训练和论文撰写等方面，对我国体育学硕士研究生培养现状进行调查与分析，发现培养类型不能适应时代发展需要、培养模式需逐步完善、培养质量有待提高等问题。学者邵凯（2018）跟踪沈阳体育学院硕

士研究生 8 年内的优化创新能力培养实践，对体育研究生创新能力培养机制进行了细致讨论，认为体育研究生创新能力首先建立在合理的群体分类基础上，对于全日制研究生应该采用复合式创新能力培养机制，对于优秀的运动员研究生应采用专项式创新能力培养机制。学者钟远绩（2019）认为，全日制体育硕士专业学位研究生教育脱胎于现阶段我国体育职业标准欠缺的大背景，培养质量内在结构发展不均衡、培养过程质量与培养目标达成度不高、体育专业型硕士与学术型硕士培养结果同质化等是其突出问题，培养领域指向性不强、应用型培养特色模糊、教育投入和评价机制异化等是产生问题的主要原因。他认为应从人才培养理念和策略、课程模块和师资保障建设、体育职业素养培育、强化评价导向功能等方面提升全日制体育硕士专业学位研究生培养质量。

二、高等体育院校研究生培养中存在的问题

（一）研究生培养制度长期没有改革

体育学研究生培养制度多年来缺乏改革，一些问题日渐显现，比如由于个别导师长期不做研究，导致学生的科研导向不明晰；由于课程设置不够合理，跟不上社会经济形势的变化，导致学生掌握的知识与社会需求不对应；由于没有形成良好的学风，导致研究生群体中缺乏学术氛围，学生的学术目标偏低，等等。此外，研究生导师的观念也要转变，少数多年没有科研成果和研究项目的导师仍然期待招生名额的平均分配制度，研究生培养重数量又不提高质量、平均主义、形式主义等现象仍然存在。

（二）研究生课程不能满足学生需要

经调查发现，部分高等体育院校人才培养方案的更新周期较长，往往六七年才更新一次；课程设置不够合理，缺乏对精品课程的培育，对核心课

程投入不足，专门的体育学硕士研究生教材严重缺乏；现有的教学方法单一，教学内容陈旧，个别课程内容存在与本科生课程内容差别不大的现象，无法满足研究生的学习需求。

（三）研究生学位论文把关不严

经调查发现，在教育部开展学位论文抽查工作以前，毕业论文存在重视度不够、要求不高等问题，个别导师的指导工作就是流于形式，并没有细心指导学生论文，而答辩也是走个形式，"点到为止"，最后皆大欢喜。随着教育部对学位论文抽查工作的展开，从严把关学位论文显得尤为重要。

从体育学研究生论文抽检专家的反馈意见来看，主要存在三个方面的问题：①论文选题的前沿性、严谨性和必要性有待加强；②论文内容设计的合理性、分析的逻辑性、表述的准确性等方面还需完善；③研究方法的运用、研究过程的严密性、研究结论的精准度等方面还有一定的进步空间。

（四）研究生科研能力培养不够

研究生科研能力的培养是研究生培养的核心，是研究生应具备的最基本能力，也是研究生教育的主要任务。研究生科研能力的培养，应贯穿于研究生教育的整个过程，如课程学习、课题研究、学术论文撰写、学术交流等阶段，导师在每个阶段都要严格把关，才能更好地提升研究生的科研能力。

经过调查发现，少数导师仍习惯于独立研究，没有充分发挥所指导的学生作为科研助手的作用，降低了科研团队的合力作用；部分研究生缺乏与导师的沟通，没有将自己的研究与导师的研究领域、研究方向很好地结合起来，甚至对导师的研究缺乏了解，以至于学术研究能力提高缓慢。再加上学术氛围的欠缺，多数研究生在校期间并没有养成写论文的素养，也未产出相应的成果；在经费投入、导师带动作用、成果奖励等方面，高等体育院校缺乏激励机制。

三、研究生培养改革对策的分析

（一）围绕"立德树人"根本任务，抓好思想政治教育工作

2018 年 5 月 2 日，习近平总书记在北京大学师生座谈会上强调，人才培养一定是育人和育才相统一的过程，而育人是本。"人无德不立"，育人的根本在于立德，这是人才培养的辩证法。

立德树人、创新成才是研究生培养的重要目标。高等体育院校应以党建工作为龙头，思想政治工作为主线，队伍建设为保障，努力引领研究生完善自我、坚定信念、求真务实、开拓创新、志存高远，做"有理想、有追求、有担当、有修养"的时代青年；把思想政治教育同鼓励研究生端正学风、严谨治学统一起来，让研究生在刻苦学习中确立科学精神、锤炼品行情操，继续推进学风建设；大力加强研究生党建工作，坚持把政治标准放在首位，不断提升研究生党组织的政治领导力、思想引领力、群众组织力和活动号召力。

（二）加强学术训练，提升学位论文质量

加强研究生科研方法课程、统计课程方面的建设与管理，提升学生对方法论的掌握；加强研究生选题开题的指导与监控，从学位论文源头上严格管理，提升学位论文选题的科学性、必要性和可行性；加强研究生学术训练，通过课程学习、专家讲座、文献综述、论文撰写、模拟写作等方法提高学生写作能力和分析能力；严控学位论文出口关，实行学位论文预答辩制度，加大论文查重力度，实行盲审制度和答辩制度，从而提高学位论文的质量。

（三）加强导师队伍建设，提升导师职业能力

组织召开研究生教育大会暨学科建设总结会和导师培训会，全面贯彻"立德树人"根本任务，深入推进学科动态调整，进一步完善导师考核制度，

推进导师评价体系建设，提升导师队伍的能力水平；完善人才培养体系，切实加强学位管理，提高研究生教育水平。

（四）强化研究生培养过程管理，夯实人才培养质量

进一步落实思政课程，坚持将"德才并重"贯穿于课程教学全过程；完善研究生学业评价体系，落实研究生听课制度，健全研究生教学评课体系，加强研究生实践实训基地的建设与管理，组织启动全国性研究生教材的编写。加强研究生中期考核，严格研究生论文开题环节，突出研究生学术训练，以及积极开展研究生实习实践工作等。

（五）扩大对外交流，提高研究生培养的国际化水平

进一步加强国内外学术交流与培养，积极引进海外高水平专家、学者到高等体育院校开展授课、讲座、讲学，形成稳定的国际交流机制。积极搭建在校生对外交流平台，增加学生赴境外访学、学术研究与交流的比例，培养更多具有国际视野的高层次复合型体育人才。

（六）做好长期规划，建立研究生培养机制改革的长效机制

高等体育院校主管领导、研究生管理部门、各学院、财务管理部门、人事管理部门、教务管理部门、科研管理部门需要统筹配合，围绕提高研究生的科研能力与学术水平，制定相互配套的改革措施，并定期反馈、研究改革中的问题，共同探讨解决办法，形成推动改革的合力，为深化改革的顺利推进提供制度保障。

研究生培养质量就是高等体育院校的生命线，研究生培养质量的高低关系着高等体育院校核心竞争力的提升。在"双一流"建设背景下，高等体育院校要强化研究生培养高质量发展意识，理清、做好研究生培养全过程的各环节，制定高标准的培养举措，进一步提升生源质量，提高研究生导师的遴选标准，

加强研究生教学过程管理，不断更新培养理念，创新培养模式，完善制度体系，强化检查督导，切实提高研究生培养能力，进一步提升人才培养质量。

第二节　高等体育院校研究生思想政治教育工作的途径探索

本节以探索首都体育学院研究生思想政治教育工作途径为主线，采用访谈法、文献资料法等研究方法，对首都体育学院研究生思想教育工作的现状进行分析，发现其中存在的问题，并对加强研究生思想政治教育工作的途径进行分析。

一、研究背景和意义

（一）研究背景

2017 年 10 月，习近平总书记在党的十九大报告中指出"中国特色社会主义进入了新时代"，这意味着中国特色社会主义道路、理论、制度、文化不断发展，拓展了发展中国家走向现代化的途径。2018 年 9 月，习近平总书记在全国教育大会首次提出"思想政治工作是学校各项工作的生命线"，这是党和国家对高校思想政治工作做出的与时俱进的新的时代定位，同时提出新时代的教育要在坚定理想信念、厚植爱国主义情怀、加强品德修养、增长知识见识、培养奋斗精神、增强综合素质等六个方面下功夫。2020 年 9 月，教育部、国家发展改革委、财政部三部委联合发布《关于加快新时代研究生教育改革发展的意见》（简称《意见》），《意见》将研究生的思想政治教育摆在突出位置，加强高校思想政治工作的引领作用，将立德树人这一根本标准落实到研究生思想政治教育的全过程。把研究生思想政治教育考核作为高校年度考核的重要指标，摆在突出位置，着重强调加强研究生思想政治教育的必要性、重要性和紧迫性。

新时代研究生担负着实现中华民族伟大复兴的历史使命，对于这一群体而言，能否将自身所学投入到新时代中国特色社会主义建设之中，能否成为勇挑重担的时代新人，起到决定性作用的并不是自身的"硬实力"，取决于是否具备经得起时代和人民检验的"软实力"。坚定的政治立场、高尚的道德情操、优良的品质作风、牺牲小我成就大我的牺牲精神才是检验新时代研究生思想政治教育成功与否的重要标准。这就对新时代研究生思想政治教育工作，提出了新要求：如何提升研究生思想政治教育水平，做到全员育人、全程育人、全方位育人；如何加强研究生思政课程和课程思政建设；如何发挥导师言传身教的作用，做研究生成长成才的引路人；如何提高研究生党建工作水平等，成为研究的重点。

（二）研究意义

研究生教育质量的水平关系到国家前途命运，关乎民族的未来发展。研究生教育的发展方向也影响着社会的发展进程、国家的兴衰成败。21 世纪以来，我国高等教育发展迅速，学生规模逐步扩大，在研究生群体中奏响主旋律，发挥思想政治教育的引领作用，对于维护社会和谐稳定、时代发展进步具有重要意义。

研究生教育的招生规模和培养规模不断扩大，研究生成长环境和群体自身都发生着深刻变化，研究生的思想政治教育工作面临大量的新情况、新问题。进一步完善研究生思想政治教育工作体制，逐步优化研究生培养模式和管理方式，不断提高工作的针对性和有效性，是十分紧迫的任务。

因此，在全面加快研究生教育改革的背景下，应从学校实际出发，从高等体育院校学生的特点出发，探索研究生思想政治教育工作的途径，把思想政治教育始终贯穿于研究生培养的全过程，促进专业教育与思想政治教育的协调发展。

二、研究方法

（一）文献研究法

通过中国知网使用"研究生思想政治教育""思想政治教育"等关键词进行检索，全面把握文献资料的主要观点，并对文献进行分析，逐渐形成对新时代研究生思想政治教育工作的特点、途径、方法的初步认识。

（二）问卷调查法

针对首都体育学院研究生的思想政治教育现状设计相应的调查问题，通过专兼职辅导员在本年级研究生工作群里下发和直接发给研究生填写两种方法，了解研究生思想政治教育现状，找出存在的问题。

（三）访谈法

在问卷调查前后对研究生导师、专兼职辅导员、研究生进行访谈，调查前了解基本情况，调查后反馈调查结果，研判问题及提出解决路径。

三、研究生思想政治教育现状

对在读研究生思想政治教育现状展开问卷调查，共收回问卷 164 份。调查内容主要包括研究生的基本情况、思想政治情况、思想政治教育现状等。

（一）被调查研究生的基本情况

通过调查发现（如表 6-1 所示），女性研究生比男性研究生的人数稍多，男性研究生占总人数的 42.7%，女性研究生占总人数的 57.3%。全日制学硕研究生占到总人数的 54.9%，全日制专硕研究生占到总人数的 39.0%，博士研究生占到总人数的 6.1%。其中硕士一年级学生占总人数的 25.0%，硕士二年级学生占总人数的 53.0%，硕士三年级学生占总人数的 15.9%，博士一年级学生占总人数的 4.9%，博士二年级学生占总人数的 1.2%。

表 6-1　被调查研究生的基本情况（一）

	门类	人数	百分比（%）
性别	男	70	42.7
	女	94	57.3
年级	硕士一年级	41	25.0
	硕士二年级	87	53.0
	硕士三年级	26	15.9
	博士一年级	8	4.9
	博士二年级	2	1.2
学习类型	全日制学硕	90	54.9
	全日制专硕	64	39.0
	博士生	10	6.1

从表 6-2 可以发现，研究生整体年龄在 21～35 岁之间，其中 21～25 岁的研究生占总人数的 74.4%，26～30 岁的研究生占总人数的 23.8%。而中共党员（含中共预备党员）占研究生总人数的 52.4%，团员占到总人数的 42.1%，群众和其他政治面貌分别占到总人数的 3.7% 和 1.8%。由此可以看出，研究生中党员占比一半以上，一方面是因为入校研究生中党员数量较多，另一方面研究生思想觉悟更高，更加积极向往与党组织靠拢，同时学校又增加了研究生发展党员的数量，新增预备党员较多。

表 6-2　被调查研究生的基本情况（二）

	门类	人数	百分比（%）
年龄	20 岁及以下	0	0
	21～25 岁	122	74.4
	26～30 岁	39	23.8
	31～35 岁	3	1.8
	36～40 岁	0	0
	41 岁及以上	0	0
政治面貌	中共党员（含中共预备党员）	86	52.4
	团员	69	42.1
	群众	6	3.7
	其他	3	1.8

（二）被调查研究生思想政治情况

1. 思想政治教育方面

在调查中，有 92.7% 的研究生表示，在新时代背景下，研究生需要加强思想政治教育理论的培养，有 5.5% 的研究生认为进行思想政治教育理论的培养是可有可无的，另有 1.8% 的研究生认为不需要进行思想政治教育理论的培养。此外，其中 37.8% 的研究生非常关心国内外的时事政治，48.8% 的研究生比较关心，12.8% 的研究生表示一般，只有 0.6% 的研究生则表现出非常不关心。由此可以看出，在读研究生普遍关心时事政治，思想政治觉悟保持在一个较高的水平，也乐于接受思想政治教育。

由图 6-1 可知，在研究生参加的思想政治教育活动中，参加理论学习、政史党课的人数占到了大多数，所占比例分别为 82.9% 和 70.1%，还有很多学生选择了参加党史知识竞赛、党课培训、红色遗迹参观以及爱心捐赠等活动，仅有极少数学生选择了其他的形式，诸如征文活动。据此可知，还可以丰富思想政治教育活动的方式，以供学生选择参加。

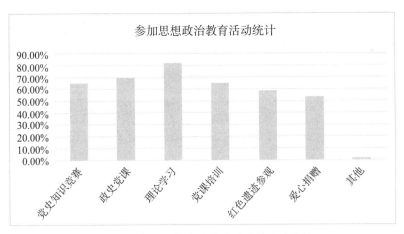

图 6-1　参加思想政治教育活动情况的统计

2. 业余生活方面

通过调查可知，在业余时间，133 名（占比 81.1%）研究生选择阅读专业书籍或者参加学术活动，107 名（占比 65.24%）研究生选择参加社会实践活动，97 名（占比 59.15%）研究生选择跟导师一起做科研，77 名（占比 46.95%）研究生选择外出兼职，靠自己赚取生活费，仅有 17 名（占比 10.37%）研究生选择其他活动，主要是健身运动和考证（如图 6-2 所示）。

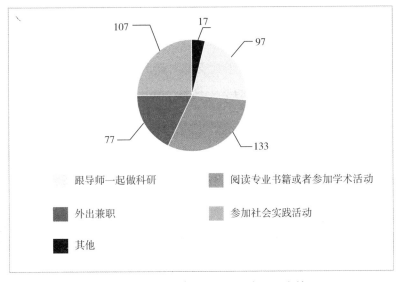

图 6-2　研究生学习期间的业余时间安排

3. 思想道德品质方面

通过表6-3可知，研究生群体中最值得赞赏的道德品质包括顾全大局、文明礼貌、诚实守信、尊师重教等。而在调查研究生导师对学生影响最深的方面时，高达91.5%的研究生选择了"高尚的道德情操和人格魅力"，说明研究生在道德品质方面受导师的影响很大。此外，还有学生选择了"社会责任感和时代使命感""严谨求实的科研作风""积极向上的学术生活心态"，所占比例分别为85.4%、85.4%和80.5%。

表6-3 研究生思想道德品质现状

	门类	人数	百分比（%）
研究生群体最值得赞赏的道德品质	顾全大局	122	74.4
	文明礼貌	145	88.4
	诚实守信	147	89.6
	尊师重教	135	82.3
	其他	4	2.4
研究生导师的影响	高尚的道德情操和人格魅力	150	91.5
	社会责任感和时代使命感	140	85.4
	严谨求实的科研作风	140	85.4
	积极向上的学术生活心态	132	80.5
	其他	5	3.0

4. 党支部教育方面

通过图6-3可以看出，有关于党支部对研究生思想政治教育的影响，有45.73%的研究生认为影响非常大，38.41%的研究生认为影响比较大。由此可见，研究生党支部每月坚持政治理论学习制度，落实"三会一课"制度，组织开展党的理论知识学习交流会、民主生活会等，把"不忘初心，牢记使命""科研规范""学术道德"等列为主题，能够使党员提高政治站位，增强学术抱负，其堡垒作用和党员先锋模范作用彰显，在增强自身研究生工作本领的同时，更能对其他同学起到正面引领作用。

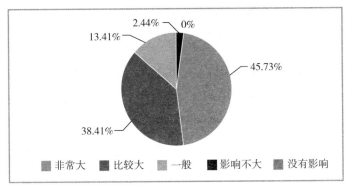

图 6-3 研究生党支部教育的影响情况

（三）研究生思想政治教育现状

1. 研究生思想政治理论课现状

如表 6-4 所示，在研究生思想政治理论课（简称"思政课"）调查中发现，26.8% 的研究生认为学习氛围浓郁，47.0% 的研究生认为氛围良好，24.4% 的研究生认为学习氛围一般，仅有 1.8% 的研究生认为学习氛围较差。在思想政治课程老师的教学方式调查中，42.7% 的研究生选择了"课堂讨论"，33.5% 的研究生选择了教师结合教材自由发挥。改变照本宣科这一陈旧的教学方式，是班级课堂氛围提升的关键所在。

表 6-4 研究生思想政治理论课现状

	门类	人数	百分比（%）
研究生在班级学习思想政治理论知识的氛围	浓郁	44	26.8
	良好	77	47.0
	一般	40	24.4
	较差	3	1.8
	非常差	0	0
思想政治课程老师的教学方式	照本宣科	39	23.8
	课堂研讨	70	42.7
	自由发挥	55	33.5
	其他	0	0

在对研究生思想政治理论课存在问题的调查中，有 64.0% 的研究生认为思政课教师的教学内容与专业联系不紧密，73.1% 的研究生认为思政课缺乏吸引力，51.2% 的研究生表示思政课课堂的互动率不高。在进行研究生思想政治教育时，一定要与学生的要求紧密联系：在教学内容的选择上要富有创新性，在教学的方式上要生动有趣，以更好吸引学生的眼球；在教学过程中，可以把课堂交给学生，先让学生选择自己感兴趣的话题，在课下查资料，再在课堂上分享，这样可以充分发挥研究生的主观能动性，以此调动其学习的积极性。

通过对研究生"如何提升研究生思想政治理论课的实效"调查中发现，75.0% 的研究生认为教师应该在课堂上启发学生思考，实现师生互动式讨论；64.6% 的研究生认为教师应该分享课程相关的阅读资料，供研究生课下进行查阅和思考；58.5% 的研究生认为思政课课堂更多的是对当前热点话题的理论阐释与现实关联；56.1% 的研究生认为师生应当利用网络思政平台进行课下沟通交流。研究生具有一定的社会经验，对社会问题有先入为主的判断，教学中应该运用多种教学理论和方法对热点问题进行剖析和判断，从而提高思想政治理论课的实效。

2. 研究生学术科研育人工作现状

在研究生的各项能力中，"实践创新能力""学术创新能力""科研诚信和学术道德修养"是研究生导师最注重研究生能力提升的三个方面。导师对学生的日常指导，能使学生迅速提升科研水平和能力，但是个别导师忙于上课、训练、开会和出差等日常教学事务工作，与学生见面的次数有限，以至对学生的思想状态关注不够，指导不到位。

通过对"专业课教师在授课中融合了哪些思想政治教育元素"调查可知，76.8% 的研究生选择"尊师重教的道德意识"，有 74.4% 和 73.2% 的研究生分别选择了"奉献国家的报国志向"以及"爱岗敬业的责任意识"，但也有37.8% 的研究生提出"专业课很少涉及思想政治教育元素"。因此，应进一步提高教师的政治素养、业务素质和教学水平，以更好地在教学中融入思想政治教育元素，推进思政建设工作。

在"研究生阶段，对您的思想影响最大的是谁"问题中，在进行排序时，研究生把自己的导师排在了第一位。通过调查得知，有42.7%的辅导员与研究生关于思想心理交流的次数为每学期1~2次，而每月1次的比例占28.7%，每周1次的比例为15.9%。因此，应充分调动导师和辅导员在思想政治教育工作中的积极性和主动性，导师与辅导员应多交流和沟通，形成育人合力。

3. 研究生组织的服务与管理现状

通过表6-5可知，研究生对本校研究生学生组织工作的满意度较高，其中28.0%的研究生非常满意，45.7的研究生满意，22.6%的研究生认为学生组织工作开展一般，还有3.7%的研究生不满意。另外，有47.0%的研究生认为班集体不存在未形成优良学风、班级组织纪律涣散、班干部带头作用不足等问题。学生组织凡事以有利于同学的学习、生活和进步为出发点，才能在同学中树立良好的形象，才能使同学们感觉可亲、可近和可信，才能充分发挥学生组织桥梁与纽带的作用。

表 6-5　研究生组织的服务与管理现状

	门类	人数	百分比（%）
对本校研究生学生组织工作的总体评价	非常满意	46	28.0
	满意	75	45.7
	一般	37	22.6
	不满意	6	3.7
	非常不满意	0	0
所在的研究生班集体存在下列哪些现象	务实好学的优良学风还未形成	53	32.3
	班级工作不规范组织纪律涣散	45	27.4
	班干部队伍服务奉献意识和模范带头作用不足	50	30.5
	党团支部工作参与度不高	34	20.7
	不存在以上现象	77	47.0
	其他	5	3.0

4. 研究生教育实践活动状况

通过调查发现，超过 60% 的研究生认为研究生思想政治教育做到了与党建、学生组织建设、学生奖助工作、心理健康辅导工作相结合。调查中还发现，当前研究生思想政治教育的途径较多，但是开展形式不够丰富，将研究生思想政治教育融入研究生学术讲座、学术论坛以及学校的宣传栏标语中去的相对较少。

四、研究生思想政治教育工作存在的问题

（一）思想政治理论课程系统性不强

2010 年中宣部、教育部发布的《关于高等学校研究生思想政治理论课课程设置调整的意见》要求，研究生思想政治教育要注重课程的导向性、层次性和实效性，需要紧密联系研究生思想实际和学校教学实际。当思想政治理论课为同一批思政课教师，在面对本科生、研究生和博士生不同层次的教学对象时，真正做到教学内容和教学深度有区分的教师并不多，存在研究生教学内容和本科生教学内容重复、实效性差、吸引力不太强等问题，尚未形成"一体化"的课程思政体系。

（二）课程思政建设比较薄弱

课程思政建设是新时代中国特色社会主义思想"三进"工作的重要举措，也是实现"立德树人"根本任务的重要抓手。研究生课程思政起步较晚，涉及课程较少，目前研究生专业课教师对研究生的思想政治教育关注程度不够，存在课程思政意识不强、对课程思政内容把握不够精准、课程思政教学方法不灵活等问题。

（三）导师第一责任人意识淡薄

研究生导师不仅是研究生学术道路上的引导者，更是其人生道路上的引路人。研究生思想政治教育工作应该成为导师培养研究生全面发展的题中应有之义。导师身份的特殊性决定了研究生导师开展思想政治教育的严肃性、针对性和长期性。个别导师认为思想政治教育工作应该是研究生工作部的工作任务，片面认为研究生培养过程就是论文撰写指导，将培养质量等同于论文水平的高低和科研能力的强弱，而忽略了对研究生"立德树人"和思想政治教育的职责。

（四）辅导员队伍配置不强

教育部、国家发展改革委、财政部三部委联合发布《关于加快新时代研究生教育改革发展的意见》指出，要加强研究生辅导员队伍建设，拓宽、健全辅导员晋升、晋级体制机制，进一步稳定并扩大研究生辅导员群体。但目前研究生专职辅导员的数量不足，兼职辅导员队伍中无导师和科研人员，均来自比较繁忙的行政岗位，从而投入到研究生思想政治管理工作的时间有限，再加上每人管理的学生数量较大，无法做到精细管理。

（五）思想政治教育评价单一

评价是导向、是指挥棒，抓住评价就是抓住了教育质量提升的关键。研究生思想政治教育应该成为学校教学、科研质量评估的重要指标，评价结果的导向性要更加突出。对研究生思想政治教育工作的考评形式应更加丰富多样，创新评估形式，发挥多主体参与评价过程，全方位改善研究生思想政治教育面临的现实问题，应从思想政治教育课程、研究生思想政治素质和研究生思想政治工作队伍等方面进行考核。

五、加强研究生思想政治教育工作的途径分析

（一）构建系统的研究生思想政治理论课程

结合不同授课对象的思想认识、学习阶段、生理和心理状况的不同，构建适合本科生、研究生和博士生三个层面的思想政治理论课程体系。组建针对研究生的教学团队进行专题授课，加强研究生思想政治理论课程的课题研究，进一步推动课程的导向性和实效性。

（二）全面开展研究生课程思政建设

将课程思政建设作为促进研究生教育深化改革与创新发展的重要组成内容，充分发挥课堂协同育人、同向同行的主渠道作用，支持优秀的教师及教学团队深入挖掘各类专业课程的思想政治资源，设立研究生课程的思政示范课程项目，构建类型丰富、层次递进的课程思政体系。通过不断创新专业知识与思政教育相融合的教学教育方式，让研究生能够更加深入地理解和把握事物的发展规律。

（三）充分发挥导师的主导作用

出台研究生导师相关管理办法，明确导师的立德树人职责，要求导师将社会主义核心价值观融入研究生培养全过程，导师要及时了解研究生思想动态，每学期与学生开展谈心、谈话不少于 2 次，每学期至少组织 1 次有关学校战略、规划、制度方面的学习；对研究生导师开展业务培训，要求导师落实立德树人的主要职责；召开导师经验交流会，加强对新晋导师的教育指导；严明导师的纪律行为，加强对导师的考核与奖惩。

（四）提升研究生思想政治教育队伍建设

利用研究生教育二级管理体制机制改革的契机，加强研究生专职辅导员的队伍建设，建立导师与学生辅导员的沟通制度；在实验室和科研团队中配备兼职辅导员，加强实验室和科研团队党支部建设，在学术研究、科研训练中进一步引导研究生树立正确政治方向、价值取向和学术导向。

（五）改进研究生思想政治教育评价工作

从多方面、多维度开展思想政治教育考核评价工作，要对思想政治教育的组织实施者、思想政治教育的主题内容、思想政治教育成效等多方面进行评价。全面开展研究生思想政治教育课程的考评工作，研制研究生思想政治素质考评办法，加大对研究生思想政治教育工作队伍的考评等。

第三节　高等体育院校研究生学术道德与学术规范教育

2016 年 12 月全国高校思想政治工作会议中，习近平总书记强调："要坚持把立德树人作为中心环节，把思想政治工作贯穿教育教学全过程，实现全程育人、全方位育人，努力开创我国高等教育事业发展新局面。""立德树人"一直以来都是高校党建研究关注的重点，正如《大学》开篇所言："大学之道，在明明德"，高等教育的根本首在德育。但纵观以往之研究，更多的研究还是从价值观层面来探讨"立德树人"的落实，较少有研究将研究生的学术道德教育纳入全方位育人环节之中。

2019 年 2 月，北京电影学院的博士毕业生、北京大学已录取的博士后研究人员翟某某因学术造假问题引发社会关注，给以上两所学校带来了较大的负面舆论影响，引发了全民对于研究生学术不端行为的讨论。2019 年 3 月，教育部办公厅发布《关于进一步规范和加强研究生培养管理的通知》，其中明确要求高校应"突出立德树人根本任务和要求，严格执行培养制度"，特别是需要"加强学术规范和学术道德教育，把论文写作指导课程作为必修课纳入研究生培养环节"。当月，北京体育大学参考上述文件，对研究生导师进行了研究生指导方面的培训。

2019 年 4 月，北京体育大学又根据上述文件精神，从学堂在线平台引进了清华大学、北京师范大学、中国科技大学等名校的《科研伦理与学术规范》《如何写好科研论文》《文献管理与信息分析》《马克思主义基本原理》《生活英语听说》等 5 门优秀课程，要求该校的研究生完成在线学习任务。可以看出，我国高校特别是同类体育院校，正在积极开展学术道德与学术规范教育。

本节正是立足于这样的新时代背景之下，以首都体育学院为例，通过了解研究生对学术道德和学术规范的认识，明确学术道德与学术规范教育的内容，探讨研究生相关教育开展的方法与手段，将学术道德与学术规范教育纳入"立德树人"的全方位教育体系之中。

一、相关概念

（一）学术道德与学术规范之间的概念解析

通过在中国知网查阅以往研究文献可以看到，关于学术道德与学术规范的概念，尚没有形成较为统一的共识，也较少有研究者对此类概念进行辨析。从字面上来看，"学术道德"指的是从事学术研究的人员必须具备的道德，而"学术规范"则意味着从事学术研究的人员必须掌握的行为规范。学术道德与学术规范之间存在区别，道德的概念本身具有一定的主观性，而行为规范则具有较为明确的客观性。这二者之间又存在一定的联系，学术道德建立在学术规范的基础之上，从事学术研究的人员只有明确了解了学术规范的行为准则，才能够形成一定水准的学术道德。

需要特别注意的是，学术的不端行为分为两种——主观故意与非故意。主观故意的不端行为涉及学术道德，而非故意的失范行为则是因为研究生没有正确认识学术规范而导致的。所以，在实际应用中，要强调学术道德与学术规范两方面的教育。

（二）学术不端行为的界定

目前，关于学术规范行为的研究，学者们更多的精力集中在学术不端行为的规避上。学术不端行为也称为学术失范行为或学术不良行为。

2009 年，为进一步加强高等学校学风建设，惩治学术不端行为，教育部制定了《关于严肃处理高等学校学术不端行为的通知》。通知中将学术不端的行为分为 7 种：①抄袭、剽窃、侵吞他人学术成果；②篡改他人学术成果；③伪造或者篡改数据、文献，捏造事实；④伪造注释；⑤未参加创作，在他人学术成果上署名；⑥未经他人许可，不当使用他人署名；⑦其他学术不端行为。

2016 年，教育部首次以部门规章的形式出台了《高等学校预防与处理学术不端行为办法》，该办法为高校中学术不端行为的界定及处理办法提供了指南。2019 年 5 月 29 日，国家新闻出版署发布了《学术出版规范：期刊学术不端行为界定（CY/T 174-2019）》（简称《界定》），并于 2019 年 7 月 1 日正式实施。新出台的《界定》将学术不端行为分为 6 种，包括剽窃、伪造、篡改、不当署名、一稿多投及重复发表等。这是我国首次出台相关的行业标准，明确地对学术不端行为进行了清晰的界定，也进一步说明学术不端行为在出版界已经引起了从业者的极大关注。

（三）研究生对于学术道德与学术规范的认识情况

目前，关于学术道德与学术规范的主要研究对象集中在研究生。大量研究关注研究生对于学术道德和学术规范的认识、学术不端行为的原因分析及防范措施。根据已有研究，可以确定当前我国研究生仍存在一定比例的学术不端行为，甚至有相当一部分的研究生未接受过学术规范教育。总结前人研究成果，对研究生学术不端行为背后的原因进行分析，概括来说主要包括以下几个方面。一是研究生教育忽视学术道德与学术规范教育。如上文所述，研究生没有接受相关的教育，因此在基本学术规范的认识上就存在偏差。二是学习动机不端正。现在很多研究生上学的动机并非是真正地想从事科学研究，因此在从事科研的过程中存在较为明显的功利性。三是科研投入时长不够。因为种种原因，研究生未能全身心地投入到科研工作中去。四是科研管理与评价制度不够完善。一方面，高校对于研究生科研过程的管理不够严格，部分研究生未能了解学校的相关要求；另一方面，对于学术不端行为的监管还没有实现学术共同体联盟，导致规则中存在漏洞。本研究应从以上几个方面探索首都体育学院研究生存在学术不端行为的原因。

当前，较少有研究探讨体育院校研究生的学术道德与学术规范教育。除此之外，应该注意的是，不同阶段的研究生对于学术道德与学术规范的认识水平可能不同，不同类型、不同专业的研究生的学术道德与学术规范情况也存在差别。所以，在实际调查中应充分考虑不同学习阶段、学习类型、专业类型研究生的差异，并结合首都体育学院研究生的实际情况，综合进行探索。

二、研究方法与过程

（一）问卷调查法

在本研究前期对 2 名本校研究生及 2 名本校硕士生导师进行了访谈，访谈内容主要围绕着研究生学术不端行为的表现、出现的原因及教育情况等。在访谈过程中，2 名研究生均认为自己可能存在较为轻微的学术不端行为（例如在二次转引文献时没有阅读原文），但周围其他同学存在较为严重的学术不端行为（代买论文、伪造数据），提示本研究在进行调查时需要考虑自身行为与周围同学行为的区别。同时，2 名同学均表示不是非常了解研究生毕业论文的重复率要求，且没有接受过相关的系统课程教育。在对 2 名研究生导师的访谈中，2 名导师也确认了研究生中存在一定比例的学术不端行为，问题主要集中在文献引用不规范（没能正确引用文献或引用错误）、署名不规范（没有经导师许可，将导师列为自己文章的作者）、文字抄袭（翻译外文文献中的内容作为自己文章的内容）、代买论文（通过第三方机构或向他人购买论文）及伪造数据（为实现预想的研究结果伪造数据）等。2 名导师也认为，当前对于研究生学术规范的教育主要通过导师指导的形式进行，或者在开会时有所提及，或者在单独指导时告诫过学生。

在所收集的文献资料与访谈内容的基础上，本课题组编制了调查问卷。调查问卷内容包括研究生基本信息、研究生对学术道德与学术规范了解程度、研究生学术不端行为表现、研究生出现学术不端行为的原因、研究生接受学术道德与学术规范教育情况等 5 个部分。基本信息部分包括年级、专业、性别、学习类型等。研究生对学术道德与学术规范了解程度部分要求研究生针对自己对学术道德与学术规范的了解程度进行自评并回答自己所了解的毕业论文查重率情况。研究生学术不端行为表现部分包括：研究生自己曾出现的学术不端行为，情节较为轻微；周围同学出现的学术不端行为，情节相对比较严重。其中，研究生自己可能出现的学术不端行为包括：不加引注地直接使用别人的观点或文字、在引注时篡改别人的观点或文字以符合自己的研究目的、在转引其他文献中的引文时没有阅读原文、将翻译外文文章的内容作为自己文章的一部分等。而在周围同学可能出现的学术不端行为部分则包括：委托第三方机构与他人代写论文、在研究中修改研究数据或结果以符合自己的研究目的、将同一篇文章同时投给多个期刊、将多篇他人已发表的文章拼接成一篇后发表等。研究生出现学术不端行为的原因部分包括：研究生自认为出现学术不端现象的原因、科研时长、学习目的等。研究生接受学术道德与学术规范教育情况部分包括：研究生已经接受的学术道德与学术规范教育内容、更愿意接受的教育形式与内容、时间节点等。问卷共包括 16 道题，其中行为部分的 2 道题各包括 7 道小题。最终问卷的内容经过了 2 名具有心理学与教育学背景专家的审定。

课题组通过"问卷星"网站编制了电子问卷，20 名研究生通过微信完成了问卷初测。20 名研究生中包括 15 名学术型硕士研究生、5 名专业型硕士研究生；研究生一年级 5 人，二年级 11 人，三年级 4 人；女生 15 人，男生 5 人。经过问卷初测，课题组对问卷中的题目进行了调整。主要包括：①重新设置研究生毕业论文重复率要求题目的选项，因首都体育学院于 2019 年 6 月将研究生毕业论文的重复率由 < 30% 调整为 < 15%，相应地在本问卷中重新设置了选项；②重新设置了专业类型，初测问卷中学生的专业类型主要参考的是学术型研究生，没有考虑专业型研究生，在正式版问卷中分别列出了学术型硕士与专业型硕士的专业选项。

正式版问卷的发放由研究生部进行，所调查对象为全体研究生。测量形式仍为电子版，发放形式为辅导员—班长—研究生的线性传递方式，逐级要求研究生认真填写。一共回收电子问卷 476 份，问卷有效率 100%。研究生学术不端行为表现部分 2 个分量表的内部一致性系数分别为 0.911 和 0.963，说明问卷可信度较高。

（二）专家访谈法

选取 2 名教学经验丰富的研究生导师进行访谈。对量化分析结果进行补充，并针对研究生的学术道德与学术规范教育提出自己的建议。

（三）统计学方法

采用 SPSS 18.0 分析相关数据，百分率数据比较采用卡方检验。P < 0.05 为差异显著，P < 0.01 为差异非常显著。

三、结果

（一）总体情况

总体上共有 476 人参与了本次问卷调查，约占本校研究生总人数的 65%。其中，男生 204 人，女生 272 人；2017 级学生 93 人，2018 级学生 220 人，2019 级学生 162 人，其他年级学生 1 人；全日制科学学位硕士生 275 人，全日制专业学位硕士生 174 人，非全日制专业学位硕士生 20 人，博士研究生 7 人（如图 6-4 所示）。专业学位硕士生（含全日制与非全日制）194 人中，体育教学专业 154 人，运动训练专业 20 人，竞赛组织专业 3 人，社会体育指导专业 8 人，体育新闻专业 9 人。

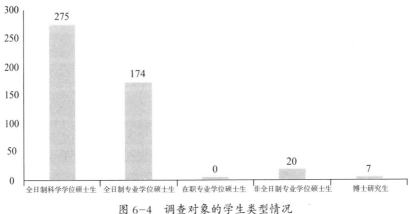

图 6-4　调查对象的学生类型情况

（二）研究生学术道德与学术规范认识情况

在调查问卷中，有 382 名研究生认为学习学术道德与学术规范非常重要，86 名研究生认为学习学术道德与学术规范重要，二者相加共占比 98.32%。如图 6-5 所示，仅 86 名研究生认为自己非常了解学术道德与学术规范（占比 18.07%），194 名研究生认为自己了解学术道德与学术规范（占比 40.76%），二者共占比 58.83%。

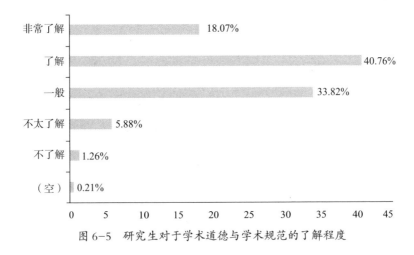

图 6-5　研究生对于学术道德与学术规范的了解程度

（三）研究生学术不端行为的表现情况

1. 自评情况

其中 78.36% 的研究生认为自己在撰写论文时不会"没有经过导师允许，将导师列为文章的作者"，相对来讲，这是最少出现的学术不端行为；只有 47.48% 研究生认为没有出现"转引其他文献中的引文时，没有阅读原文"的现象，是最容易发生的学术不端行为；其他方面，诸如"不加引注地直接使用别人的观点或文字""在引注时篡改别人的观点或文字，以符合自己的研究目的""不加引注地直接使用别人文章中的图片"均是研究生较容易出现的学术不端行为。具体情况如表 6-6 和图 6-6 所示。

表 6-6　研究生在撰写学术论文时是否曾有过以下行为

条目	经常	有时	不确定	几乎没有	没有
1）不加引注地直接使用别人的观点或文字	16（3.36%）	70（14.71%）	59（12.39%）	100（21.01%）	231（48.53%）
2）不加引注地直接使用别人文章中的图片	19（3.99%）	51（10.71%）	53（11.13%）	95（19.96%）	258（54.20%）
3）在引注时篡改别人的观点或文字，以符合自己的研究目的	16（3.36%）	62（13.03%）	50（10.50%）	100（21.01%）	248（52.10%）
4）在转引其他文献中的引文时，没有阅读原文	24（5.04%）	68（14.29%）	60（12.61%）	98（20.59%）	226（47.48%）
5）没有经过导师允许，将导师列为文章的作者	8（1.68%）	17（3.57%）	23（4.83%）	55（11.55%）	373（78.36%）
6）将翻译外文文章的内容作为自己文章的一部分	11（2.31%）	34（7.14%）	32（6.72%）	58（12.18%）	341（71.64%）
7）论文所涉及的研究没有获得相应的伦理审批	11（2.31%）	22（4.62%）	46（9.66%）	53（11.13%）	344（72.27%）

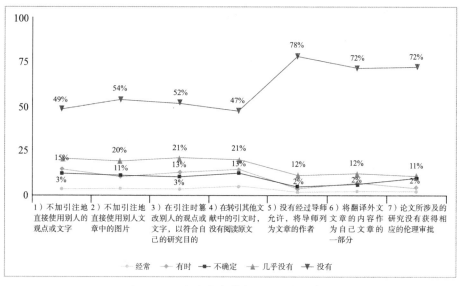

图 6-6 研究生自身学术不端行为的情况

在自评学术不端行为的影响因素时，男女生仅在"翻译外文文章的内容作为自己的一部分"这一条目存在差异（ χ^2=14.333， P < 0.01），女生不存在这一行为的比例高于男生。不同年级在"不加引注地直接使用别人文章中的图片"这一条目上存在差异（ χ^2=23.315， P < 0.01），2017 级、2018 级、2019 级存在这一行为的比例逐渐升高。全日制科学学位硕士生与全日制专业学位硕士生就学术不端行为进行比较，未见显著差异。全日制科学学位硕士生中数量较多的体育人文社会学专业、体育教育训练学专业、运动人体科学专业研究生就自身存在学术不端行为进行比较，未见显著差异。

2. 周围同学情况

经过调查显示，在周围同学存在的学术不端行为方面，"没有经过导师允许，将导师列为文章的作者"仍然是相对出现比例最低的行为（占66.39%），但相较自身评价降低了约 11.2%，显示了自评与评他的不同。而其他方面，出现最多的是"委托第三方机构与他人代写论文"（占 50.00%），"修改研究数据或结果以符合自己的研究目的""伪造非实际调查或实验取得的数据""将同一篇文章同时投给多个期刊"也出现较多。具体情况如表 6-7 和图 6-7 所示。

表 6-7　研究生周围同学是否存在以下行为

条目	很多	较多	不确定	几乎没有	没有
1）委托第三方机构与他人代写论文	15（3.15%）	18（3.78%）	123（25.84%）	82（17.23%）	238（50.00%）
2）修改研究数据或结果以符合自己的研究目的	13（2.73%）	22（4.62%）	104（21.85%）	92（19.33%）	245（51.47%）
3）伪造非实际调查或实验取得的数据	9（1.89%）	26（5.46%）	103（21.64%）	87（18.28%）	251（52.73%）
4）将同一篇文章同时投给多个期刊	13（2.73%）	13（2.73%）	106（22.27%）	76（15.97%）	268（56.30%）
5）没有经过导师允许，将导师列为文章的作者	9（1.89%）	8（1.68%）	69（14.50%）	74（15.55%）	316（66.39%）
6）将同一调查或实验的结果拆分后发表文章	11（2.31%）	16（3.36%）	76（15.97%）	78（16.39%）	295（61.97%）
7）将多篇他人已发表的文章拼接成一篇后发表	9（1.89%）	16（3.36%）	71（14.92%）	78（16.39%）	302（63.45%）

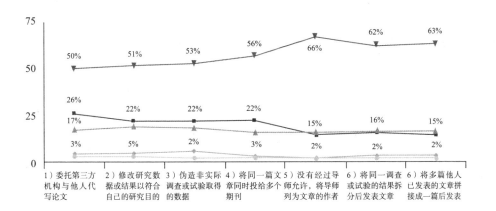

图 6-7　研究生周围同学学术不端行为的情况

相关影响因素分析如下，男女生仅在"周围同学存在'没有经过导师允许，将导师列为文章的作者'"这一条目存在差异（χ^2=10.716，P < 0.05），女生周围同学不存在这一行为的比例高于男生。不同年级研究生在"周围同学存在'委托第三方机构与他人代写论文'"这一条目上存在差异（χ^2=16.441，P < 0.01），2019 级、2018 级、2017 级这一行为的存在比例逐渐降低。全日制科学学位硕士生与全日制专业学位硕士生就周围同学存在的学术不端行为进行比较，未见显著差异。在全日制科学学位硕士生中，数量较多的体育人文社会学专业、体育教育训练学专业、运动人体科学专业研究生就周围同学存在的学术不端行为进行比较，未见显著差异。

（四）研究生出现学术不端行为的原因

在自评"研究生出现学术不端行为的原因"时，82.98% 的研究生认为是自身能力不足，68.91% 的研究生认为是学生缺乏相关的学术规范教育，56.93% 的研究生认为是学生学术道德水平较低，如图 6-8 所示。

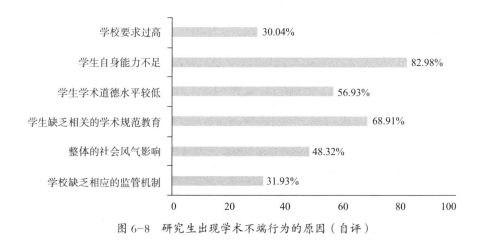

图 6-8　研究生出现学术不端行为的原因（自评）

在本次调查中，75% 的研究生能够正确选择首都体育学院研究生学位论文的重复率要求（15%），即仍有 25% 的研究生还不了解学校对于研究生学位论文的查重率要求。将回答正确与否的学生分为两类，除在撰写论文中存在"不加引注地直接使用别人文章中的图片"这一行为之外，两类学生在其余的自身学术不端行为和周围同学的学术不端行为上均存在显著差异（P < 0.01或 0.05），回答正确的同学自身或认为周围同学不存在学术不端行为的比例更高。

据图 6-9 所示，20.38% 的研究生每天用于科研的时间为 4~6 个小时，54.41% 的研究生每天用于科研的时间为 1~3 个小时，19.75% 的研究生每天用于科研的时间小于 1 小时，这意味着有超过七成的研究生每天用于科研的时间少于 3 小时。将以上研究生按每日科研用时分为 3 类，比较其自身及周围同学存在学术不端行为的情况，则差异均非常显著（P < 0.01），每日科研用时越长的同学其自身学术不端行为与所认为的周围同学学术不端行为存在的比例越低。

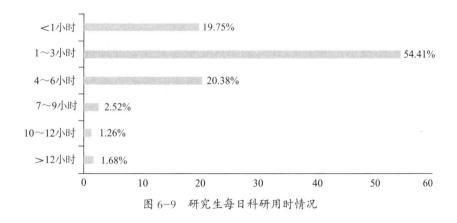

图 6-9　研究生每日科研用时情况

关于选择进入研究生阶段学习的主要目的，91.81% 的研究生表示是为了提升自己的能力，而只有 48.74% 的研究生是为了满足科研兴趣。按照进入研究生阶段学习是否为了满足科研兴趣将学生分为两类，则出于满足科研兴趣而入学的研究生在撰写论文时"不加引注地直接使用别人的观点或文字"出现的比例较低（χ^2=11.069，P < 0.05）。

（五）研究生接受学术道德与学术规范教育的情况

据调查显示，只有 35.08% 的研究生接受过系统的学术道德与学术规范课程，各有 73.32% 的研究生表示"老师在上其他课程时提到过相关内容"及"导师在指导时曾提及相关内容"（如图 6-10 所示）。

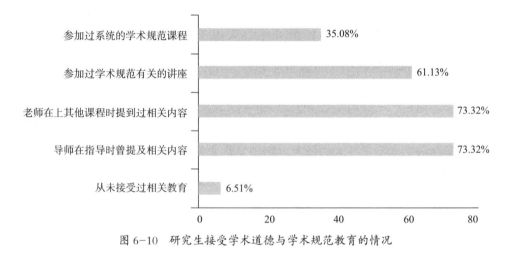

图 6-10　研究生接受学术道德与学术规范教育的情况

如图 6-11 所示，其中 74.16% 的研究生更愿意接受导师指导的学术道德与学术规范教育，可见这是研究生最愿意接受的学术道德与学术规范教育形式。

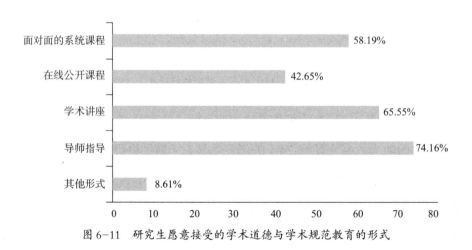

图 6-11　研究生愿意接受的学术道德与学术规范教育的形式

在"研究生愿意接受的学术道德与学术规范教育的内容"中，有90.34%的研究生想学习的是研究方法，86.13%的研究生想要学习写作规范（如图6-12所示）。

在调查中，有57.56%的研究生认为应该在入学的第一学年进行学术道德与学术规范的教育，有22.69%的研究生则认为在刚开始入学时就应该进行相关教育。

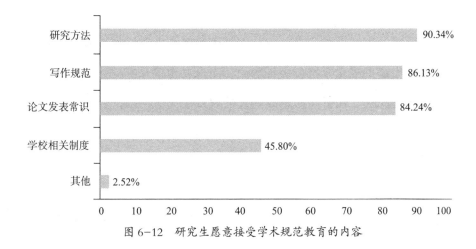

图 6-12　研究生愿意接受学术规范教育的内容

四、讨论

（一）总体情况分析

调查结果显示，研究生普遍认为学习学术道德和学术规范非常重要，但是自身对于相关内容的了解程度大多未达到非常了解的水平，尽管这一比例相较于王相飞对于体育院校研究生的调查结果已经提升了很多。本次调查显示，在研究生中确实存在一定比例的学术不端行为，自评学术不端行为所占比例与朱华等的研究结果相似，周围学生学术不端行为情况好于吕策等对于体育院校研究生的调查情况。

　　具体来看，在学生撰写文章时容易出现的学术不端行为中，"在转引其他文献中的引文时，没有阅读原文"是最容易出现的一种。在本研究的访谈中，研究生与导师也曾提及此种行为较常发生，而笔者在日常的期刊审稿中也经常发现此类问题。很多时候当作者真正阅读某文献的被引文章时，就会发现原文的内容与自己所引的内容并不相符，而这种情况甚至有可能是作者有意为之。第2种常见的学术不端行为是"不加引注地直接使用别人的观点或文字"，这种行为可能与研究生的写作习惯有关。作为刚刚入门的研究者可能未能有效管理相关文献，导致部分文字未能及时进行标注；抑或并不知道所引用的他人观点或文字都应进行标注，而没有实现全部标注。第3种常见的学术不端行为是"在引注时篡改别人的观点或文字，以符合自己的研究目的"。刚刚踏入研究领域的研究生最怕的是自己的研究成果与已有研究结果不符，所以往往通过引用他人文章时篡改文字来印证自己的研究成果，更多时候，这种情况出现在引用英文文献时。根据笔者的工作经验，部分专家对于本领域的研究文献非常熟悉，特别是一些优秀的中青年审稿人，常常会在审稿中指出研究所引用的文献内容与原文不符。第4种常见的学术不端行为是"不加引注地直接使用别人文章中的图片"。关于图片的使用问题至今仍未引起学界的重视，很多研究者在自己的文章中不加引注地直接使用别人文章中的图片，特别是涉及一些理论指标的层次关系图和外国文献中的图片，这个问题在期刊审稿中也经常能够看到。

　　对研究生周围同学存在的学术不端行为情况进行分析，出现比例最高的是"委托第三方机构与他人代写论文"。研究生们出于种种原因，通过雇用第三方机构或他人代写论文，这既与社会现实的环境有关，也与研究生自身的学习目的有关。基于笔者的经验，很多研究生往往因此行为上当受骗，最终造成未能毕业与钱财损失的双重后果。排名第二的周围同学存在的学术不端行为是"修改研究数据或结果以符合自己的研究目的"。学术界多年以来一直倡导阳性结果，导致阴性结果较少有机会见刊发表。在这种学术风气的影响下，如果研究生们所得结果无法得到显著意义，可能无法顺利通过答辩，则只能通过修改数据来获得显著性。排名第三的周围同学存在的学术不端行为是"伪造非实际调查或实验取得的数据"。在很多模型分析的研究中，由于无法构建出完美拟合的模型，研究生可能通过伪造数据来获得想要的模型。排名第四的周围同学存在的学术不端行为是"将同一篇文章同时投给多个期刊"。一稿多投是学术出版界较为常见的问题，而这种现象往往出现在研究生中。一是因为学术期刊本身的发稿周期时滞较长，体育类核心期刊往往需要一年左右的时间（笔者的工作经验）；二是因为受到毕业要求的限制，研究生急于刊发文章，无法耐心等待刊发，导致在所投刊物未明确退稿之前就转投他刊，从而给自己的学术声誉带来了恶劣影响。

与笔者所设想的不同，学生类型与专业区别未对学术不端行为产生影响，但这一结果也有可能与调查的样本量有关。在性别方面，女生分别在2种学术不端行为比例上低于男生，说明其中可能存在一定的性别差异。不同年级在图片引用和第三方机构代写论文上显示了高年级的优越性，年级越低此2种学术不端行为出现的比例越高，说明刚入学的研究生应及早地接受相关学术道德与学术规范的教育。

（二）研究生学术不端行为存在的原因分析

在研究生出现学术不端行为的主观原因方面，近七成的研究生认为是学生缺乏相关的学术道德与学术规范教育，近六成的研究生认为是学生学术道德水平较低，这进一步提示相关部门应及早对学生进行学术道德与学术规范的教育。

研究生对于学术道德与学术规范的了解程度、科研投入与学习动机均可能影响学生的学术不端行为的表现情况。首先，调查显示，能否正确回答毕业学位论文重复率要求的学生在除"不加引注地直接使用别人文章中的图片"这一行为之外的全部行为上表现出差异，这进一步说明学术道德与学术规范教育的重要性。另外，值得研究生部注意的是，在研究生中仍有 25% 的学生不知道学校的正确要求。其次，研究生每日科研用时越长，其自身学术不端行为与所认为的周围同学的学术不端行为存在比例越低。这一点较为容易理解，研究生在科研上投入的时间与精力越多，越容易深入了解其中的学术规范，越不容易出现学术不端行为。值得注意的是，研究生的主要任务就是进行科学研究，而超过七成的研究生每天用于科研的时间少于 3 小时。另外，在所调查的研究生中，仅有 48.74% 的研究生进入研究生阶段学习的主要目的是为了满足科研兴趣。而是否为满足科研兴趣入学的研究生在一种学术不端行为上显示了差异性，提示科研兴趣可能对特定学术不端行为产生影响。

（三）研究生学术道德与学术规范教育情况解析

1. 所得结果分析

调查结果显示，约有 65% 的研究生没有接受过相关的学术道德与学术规范系统课程，这一比例与陈翠荣等的研究结果相似，低于王相飞的研究结果，同时，这一结果也印证了研究生们对于自己学术道德与学术规范了解程度的评价。相比面对面的课程和学术讲座，超过七成的研究生更愿意接受导师指导的学术道德与学术规范教育。超过八成的研究生想要在系统课程中学习的是研究方法、写作规范和论文发表常识，其中研究方法是研究生们最想学习的内容。近六成的研究生认为，应在研究生入学的第一年进行学术道德与学术规范课程的学习，甚至有超过两成的研究生认为应在刚入学时就进行相关课程的学习。

2. 其他院校的相关课程设置情况

在实际情况中，可参考其他体育院校的具体做法，如北京体育大学的博士生研究方法课程在 2017 年时尚为选修课，但现在已经成为博士研究生的必修课程。该课程由张力为教授主讲，课程内容包括研究设计基础知识、实验法、调查法、质化研究、统计方法、研究评价、学术论文中的常见问题等。该课程让研究生在系统了解研究方法的过程中掌握了学术规范的内容。该课程的成绩评价由平时测验（每两周设置阶段性的小测验）、学生评述与期末考试 3 个部分组成，以确保博士研究生能够尽可能地在入学的第一学期掌握必备的研究方法。

北京体育大学应 2019 年教育部要求为研究生（包括硕士生和博士生）选择了北京师范大学的《科研伦理与学术规范》学堂在线课程，该课程的主要内容为科研伦理与学术规范引论、引注规范及其盲区、学术不端行为及其治理、科研活动中的人际关系、科研利益冲突与知识产权保护及与受试者相关的伦理原则等。这套课程的设计更切合教育部的要求，也基本上涵盖了学术规范的相关内容，只是授课者为法律专业的教师，所讲内容并不能完全适用于体育学。而首都体育学院应参考其他学校，进行体育科学研究方法的课程设计，在刚入学时就进行相关的教育。

3. 学术道德与学术规范教育的策略、内容与形式

所谓学术道德，往往是出于一种自律上的限制，即学生通过学习了解学术规范的相关内容，自行从道德方面对自己进行约束。然而，面对社会的浮躁风气与周围的不良学术氛围，想要学生全部都能做到自律是相当困难的。那么，从他律的角度出发，加强研究生的学术道德教育可以从两个方面着手：一方面，可以与学生签订学术诚信承诺书，让学生在大脑中形成相关的概念，通过了解相关规定，建立良好的科研诚信；另一方面，可以建立科研诚信档案，并与中国高校科技期刊研究会体育期刊专业委员会建立联系，及时记录研究生的疑似学术不端行为，并对出现相应行为的学生予以警告。

关于学术规范教育的内容，笔者参考上述提及其他院校的相关课程设置

内容，认为至少应包括研究方法、科研伦理、论文写作规范、学术不端行为及其治理等四个方面。应该注意的是，学术规范教育与学术方法教育密不可分，所以在其他院校的课程设置中，将学术规范的教育融入研究方法的教学中。关于学术规范教育的形式，在有条件的情况下，可以考虑安排具备一定资历的教授讲授学术规范相关课程，并让其成为研究生入学时的必修课，这样才有利于研究生在第二年时顺利完成研究设计（开题）任务。甚至可以邀请期刊部在职的编辑们结合自身的工作经验，在相关课程中讲授学术规范及写作指导。若目前没有良好的条件开展相关的课程，则应尽快考虑从一些开放的在线课程平台上引入相关课程，或鼓励学生去其他学校进修相关课程，实现学分共享。

参考本研究的结果及访谈导师的建议可得知，研究生们更信服自己的导师，更愿意从自己的导师那里吸收相关的学术道德与学术规范知识。同时，导师作为研究生的第一责任人，有义务也有责任对研究生的培养付出努力。由此可在以下方面做出改进：第一，应参考其他体育院校的做法，就学术道德与学术规范内容对研究生导师进行定期培训，例如在研究生导师的定期教育培训中加入学术道德与学术规范内容，并进行相应的考核；第二，研究生部还应编制相关的指导手册，明确研究生导师在指导学生时的学术道德与学术规范内容，明确研究生导师的责任；第三，导师应严格督促研究生每日的科研投入，通过定期召开组会的形式监督研究生的研究进展情况。

第七章 高等体育院校学科建设的核心载体：学科平台建设

学科平台主要指经各级各类主管单位批准成立的重点学科、重点实验室、人文社科研究基地、工程技术研究中心、人文社科基地等，学科平台集开放性、共享型、经济性为一体，通过对场地、设备和人员等资源的有效整合与协调，降低教学与科研准入和管理成本，是为不同学科、不同地域、不同年龄的研究者从事教学和科研而提供的一种共享共用平台，同时也是高水平的学科队伍的聚集地，是信息汇聚与交流的中心，是不同学科交叉融合的结合带。

学科的发展和成长离不开作为土壤和支撑的学科平台，尤其是实验科学类的学科，学科平台的建设更是学科发展的基础支撑。学科平台层次按级别可分为国家级、省部级、校级三大类。以科研平台为例，第一类是由国家科技部、国家发展改革委批准成立的国家实验室、国家重点实验室、国家工程实验室、国家工程（技术）研究中心、国家野外科学观测研究站等国家级平台；第二类是由教育部、农业农村部、民政部、国家测绘地理信息局等部委（局）以及各省、自治区和直辖市科技厅（委）、发改委批准成立的省部级平台；第三类是由高等院校为了整合相关研究的优势力量或是配套新的省部级或国家级平台，而自行设立的校级研究平台。

第一节　高等体育院校学科平台的建设情况

学科平台是高等体育院校发展教学、科研和培养高素质创新人才的重要基地与舞台，为高等体育院校教学、科研、人才培养、学术交流等打开通道。

北京体育大学现有教育部运动与体质健康重点实验室、国家体育总局体能训练与身体机能恢复重点实验室等 7 个省部级重点实验室、1 个北京市高等学校工程研究中心、2 个国家体育总局科研基地、1 个体育科学学会培训基地、1 个国家级实验教学示范中心、2 个北京市高校实验教学示范中心。其中，中国体育战略研究院、冬奥文化研究中心、中华民族传统体育研究院、体育产业发展研究中心入选中国智库索引（CTTI）来源智库。上海体育学院建有国家级和上海市实验教学示范中心各 1 个，建有省部级重点实验室 4 个、省部级哲学社会科学（含体育产业）基地 7 个，上海市协同创新中心、前沿科学研究基地各 1 个。天津体育学院现有"竞技运动心理与生理调控"国家体育总局重点实验室、"运动生理与运动医学"天津市重点实验室、"国家体育总局体育社会科学重点研究基地""天津市普通高等院校人文社会科学重点研究基地"、国家体育总局"体育文化研究基地"、教育部体育教学研究中心等一批省部级重点实验室和科研单位，"学生体质与身心健康促进研究中心"获评成为天津市高校智库，学校体质检测中心获批"天津市社会科学普及示范基地"，还与天津大学合作共建了全国首家"智能体育协同创新中心"，与北京大学第三医院崇礼院区、河北省张家口市崇礼区人民政府、天津健康产业国际合作示范区管理委员会共建了崇礼研究生院。武汉体育学院现有省部级重点实验室、人文社会科学重点研究基地、工程技术研发中心等科研机构 10 个。成都体育学院建有国家体育总局体育社会科学重点研究基地、四川体育社会科学研究中心、四川省天府国际体育赛事研究中心、四川省非物质文化遗产研究基地和四川省运动健康社科普及基地，建有"运动医学四川省重点实验室"和"国家体育总局运动医学重点实验室"，以及2个四川省省级高校实验教学示范中心。首都体育学院建有"北京市重点实验室""国家体育总局重点实验室""'2011计划'京津冀体育健身休闲发展协同创新中心"等15个省部级研究平台，以及1个博士后科研工作站。沈阳体育学院国家体育总局冬季运动项目技术诊断与机能评定重点实验室是东北地区最大的体育专业综合性研究与开发实验室，分子生物学实验室是P2级实验室，运动生命科学馆是目前国内唯一一家运动生命科学馆，体育社会科学研究中心是辽宁省教育厅人文社会科学重点研究基地和国家体育总局体育哲学社会科学重点研究基地，东北亚体育发展研究中心是辽宁省高校新型智库，辽宁省体育产业发展研究基地是辽宁省经济社会发展研究基地，体育主动健康研究院、沈阳体育学院—韦德伍斯校企合作健身产业研究院是辽宁省教育厅校地校企研究院。吉林体育学院拥有吉林省重大需求协同创新中心1个，国家体育总局耐力项目重点实验室1个，吉林省普通高校重点实验室5个，国家体育总局体育社会科学重点研究基地1个，吉林省高校人文社会科学重点研究基地2个，吉林省特色文化吉林冰雪文化研究基地1个，吉林省社会科学重点领域研究基地2个，国家级社会体育指导员培训基地1个，吉林省健身志愿者培训基地1个。广州体育学院拥有首批国家体育总局重点实验室和体育社会科学重点研究基地，拥有运动与健康促进实验室、运动生物化学实验室等6个广东省高校重点研究平台，还有全国青少年校园足球"国培"基地、国家级社会体育指导员培训基地、国家健美操训练基地、国家青少年体育俱乐部等15个省部级教学训练基地，以及3个广东省联合培养研究生示范基地、114个本科校外实习基地。西安体育学院现有国家体育总局运动技术分析与技能评定重点实验室、国家体育总局体育社会科学重点研究基地、国家体育总局体育文化中心基地、陕西省高校体育法学研究基地、陕西省体育文化研究基地、陕西省体育产业研发中心、陕西省全民健身与健康研究院等多个省部级研究机构。南京体育学院拥有江苏省协同创新中心培育建设点1个，江苏省高等学校重点建设实验室2个，还设有江苏省运动戒毒重点实验室、江苏省学生体质健康监测与行为干预研究中心、江苏省学校体育高质量发展研究中心、江苏省校园足球研究中心、江苏省体育赛事研究中心、中国近代武术研究中心、中国体育非物质文化遗产研究中心、奥林匹克教育研究中心等研究机构。山东体育学院现有运动健康与健身科技重点实验室、体育健身器材装备与技术重点实验室、运动戒毒实验室、运动与健身科学实验教学中心、运动与健身科学虚拟仿真实验教学中心、运动监控大数据中心、运动人体科学实验教学中心、数字体育实验教学中心等29个重点实验室和教学示范中心。河北体育学院现有省级重点学科实验室——体育技术研究与应用重点实验室。

第二节　高等体育院校学科平台的作用

近年来，高等体育院校积极整合资源，已初步形成国家省市各级学术机构和校际的学术学科建设平台，例如国家体育总局分布在高等体育院校的重点实验室、国家体育总局体育社会科学重点研究基地、国家体育总局体育文化中心基地等，大多数高等体育院校还有所在省市的省级教学研究平台等。这些平台在承担国家和地方重大教学科研任务、培养高素质高水平人才，以及服务社会大众方面发挥了重要作用。

一、学科平台是学科建设的重要支撑

学科建设是高等体育院校长期可持续发展的根本所在，学科建设层次的高低代表高等院校的办学能力和水平，学科的级别和数量在很大程度上代表

了高等体育院校在教学、科研、人才培养、社会服务等方面的综合能力。学科平台是院校综合能力体现的阶段性成果，是学科在若干方向或领域教学科研发展的成果体现，学科平台建设能够组织优秀的人才资源、技术资源和设备资源，在短期内发挥最大效能，极大地改善相关学科的软硬件条件，不仅能够促进平台本身的发展，更重要的是能够调动人才的积极性，大大提高仪器设备的使用效益。学科平台的建设成效最终必将反映在学科建设的水平上，成为学科建设的重要支撑。

二、学科平台是凝聚和培养高水平体育人才的重要基地

学科平台集聚了科研经费、人才优势和创新能力，为高校师资队伍建设、科研创新和人才培养质量的提升提供了基础保障。高水平体育科研人才是提高自主创新能力的关键所在，而学科平台优势就是能够为体育科技人才的培养、成长和集聚提供最佳的空间，成为凝聚和培养高水平体育人才的重要基地。

三、学科平台是组织和承担国家重大科技计划的重要载体

重大科技计划的实施需要高水平科技人才，高水平科技人才需要相对高端的科研仪器设备，而科研平台恰好能够提供重大科技计划实施所需的高端仪器设备和高水平科研人才队伍，因此，科研平台成为组织和承担国家重大科研项目的重要载体。

四、学科平台是技术转移和成果转化的重要源泉

学科平台通过承担科研任务研发出来的许多有价值的成果，在与企业结合后得以在产业化过程中应用，提高了产业化水平，加速了产业化进程，直接履行了高等体育院校服务社会的责任。个别产业在发展过程中，不仅给学

科平台提出了更高的要求，也在一定程度上帮助平台解决了一些问题，如实验场所紧张、实训基地资源匮乏、人才培养模式单一、资金短缺等。

第三节　高等体育院校学科平台建设存在的主要问题

综合分析高等体育院校学科平台，可以发现高等体育院校学科平台建设存在国家级平台少、平台共享程度低、平台建设支持力度较小等问题。

一、国家级平台少

高等体育院校国家级学科平台较少，学科平台建设进展缓慢。现有的学科平台中一些重点实验室、人文社科基地和产业基地等在全国范围内布局不合理，存在重复建设的现象。

二、平台共享程度低

高等体育院校学科平台目前存在共享率低、服务模式单一、运行效率低等问题，这些问题严重阻碍了学科平台服务科技创新功能的发挥。平台共享程度低造成了学科间缺乏交叉融合、平台建设与社会需求联系不够紧密等问题。

三、平台建设支持力度较小

高等体育院校平台建设存在经费投入不足、人员及政策支持不到位等问题，造成平台建设规模较小，平台建设疏于管理，没有形成学科团队，平台绩效评价流于形式，出现一个成果在多个相近研究方向的平台参加考核的现象。

以上这些问题严重制约了学科平台的发展，无法满足科技创新、人才培养的需要，影响了高等体育院校核心竞争力和服务社会发展能力的提高。

第四节　高等体育院校学科平台建设的对策分析

一、完善平台运行机制

制定平台建设的规章制度和管理办法，赋予平台选人用人、科研课题设定自主权；建立开放共享激励机制，加大开放力度，建成体育领域公共研究平台；设立学科平台建设激励措施，鼓励进行教学、科研以及学科建设探索。对校内学科创新平台建设实行项目制管理，强化目标导向、过程管理、绩效考核和动态调整。通过学科平台的建设，吸引建设经费的多元投入，以科学的管理、明晰的责权和先进的教研环境提高学科建设的积极性，提升学科建设水平。健全管理运行机构，建立专业服务团队，为平台运行提供全方位支撑，为高等体育院校开展科学研究及研究生培养提供体制机制保障。

二、厘清各学科平台建设重点

从学科建设的整体高度统筹硬件资源建设，科学合理地进行原有科研硬件资源整合和优化大型仪器设备配置，从产、学、研角度划分各学科平台建设的侧重点，由各学科平台负责人协调，将建设任务进行整体分工，各学科平台依照任务分头建设；围绕学科研究方向，增加高水平科研设备建设经费投入，搭建具有国内一流水平的研究平台，为突破学科前沿、实现技术变革提供充分的物质基础保障。

三、提升平台科学研究水平

高等体育院校应瞄准世界体育科技前沿和体育产业变革新趋势，聚焦国家战略和地区重大需求，聚焦体育交叉学科前沿研究方向，开展原创性、探索性和前瞻性基础研究，产出一批原创性技术成果，积极培育并建立一批高水平科研平台和特色学科、新兴学科、需求学科，推动高等体育院校重点学科和重点专业的协调发展。

四、提高平台资源共享程度

健全学科平台国内外合作交流机制，提升平台共享程度，充分发挥科研平台对多学科的整合与包容特性，加快科研平台成为交叉学科、综合学科成长基地的步伐。以国家发展目标为导向，结合区域经济社会发展需求，聚焦体育学科优势专业，搭建国际产、学、研、用合作平台，联合开展关键领域、重大项目技术攻关、人才培养工作，助力经济社会高质量发展。

第八章　高等体育院校学科建设的动力来源：学科评价

第一节　国内外学科评价体系

一、国外学科评价体系分析

目前，国内外已经形成一些认可度较高的主流学科评价体系，例如 QS 世界大学学科排名体系、THE 世界大学学科排名体系、U.S.News 世界大学学科排名指标体系和 ARWU 世界一流大学学科排名体系。

（一）QS世界大学学科排名体系

这是目前学科排名体系中细分学科最复杂、涵盖领域最广的学科排名，在 2020 年世界大学专业排名中涉及了 5 大领域的 53 个细分学科。

QS 世界大学学科排名的每个学科排名都是使用四个来源所编制的，分别是学术声誉、雇主声誉、篇均被引和 H 指数，其中前两个是 QS 对学者和雇主的全球调查，用于评估机构在每个学科上的国际声誉；后两个指标基于每篇论文的引用率和相关主题的 H 指数来评估研究影响，这些数据都来自 Elsevier（爱思唯尔）的 Scopus 数据库。将这四个部分组合起来，并根据每个学科的情况赋予不同的权重，最终会产生每个学科排名的结果。

（二）THE世界大学学科排名体系

THE 世界大学学科排名的评价指标共 13 项，全面涵盖了大学学科发展所需的师资、培养学生质量、研究成果质量以及社会声誉，分别为引文数量、行业收入与职工比例、教学声誉、师生比例、博士与本科比例、博士与职工比例、收入与职工比例、研究声誉、研究收入与职工数量比例、论文与员工比例、国际学生、国际人员、国际合著等，并且根据不同学科的发展情况动态调整评价标准的权重。

（三）U.S.News世界大学学科排名指标体系

U.S.News 世界大学学科排名指标共 13 项，分别是全球研究声誉、区域研究声誉、论文、书籍、会议、规范化引用影响、总引文量、被引用最多的前 10% 论文数量、被引用最多的前 10% 占论文总量的比例、在各自领域中被引用最多的 1% 的高被引论文数、排名前 1% 被引用最多的论文占全部论文的百分比、与国家相关的国际合作、国际合作等。而排名指标的权重也是根据软学科、自然学科、艺术与人文学科、计算机科学与工程学科等六个大类实际情况进行调整。

（四）ARWU世界一流大学学科排名体系

ARWU 世界大学一流大学学科排名指标共五项，分别为重要期刊论文数、论文标准化影响力、国际合作论文数、顶尖期刊论文数、教师获权威奖项数等。值得一提的是，所有指标的得分均采用 CNCI，即相对指标，论文数量较少时，CNCI 不够稳定。因此，在计算该指标的得分时，一个学科的 CNCI 最大值设置为该学科所有大学的 CNCI 平均值的 2 倍，或者该学科所有大学中 CNCI 的实际最大值，取二者中较低者，令其为 100 分。其他大学按其 CNCI 与该最大值的比例得分，CNCI 超过该最大值的大学，均得 100 分。

二、国内学科评价体系分析

（一）软科中国最好学科排名

软科中国最好学科排名涉及理学、工学、生命科学、医学和社会科学五大领域的 54 个学科。该学科排名的指标体系包括人才培养、科研项目、成果获奖、学术论文、学术人才五个指标类别，下设 17 个指标维度，共计 50 余项反映学科竞争力的客观量化指标，涉及百余项观测变量。由于部分指标在不同学科门类的适用性和重要性存在差异，因此中国最好学科排名在不同学科采用差异化的指标体系。

软科 2021 年体育学学科的指标权重与定义如下表 8-1 所示。

表 8-1　软科 2021 年体育学学科的指标权重与定义

指标类别	指标维度	权重	定义
人才培养	立德树人类型	100	统计学校在 2015—2021 年获得共和国勋章、国家荣誉称号、黄大年式教师团队和全国道德模范、全国教书育人楷模、全国优秀教育工作者、全国最美教师、全国模范教师、全国优秀教师等重要教师荣誉称号，以及最美大学生、中国大学生年度人物、中国大学生年度人物提名、全国优秀共青团员、百名研究生党员标兵等重要学生荣誉称号的总数。
	精品课程教材	100	统计学校在 2015—2020 年获认定的精品课程教材折合数，具体计算公式为：精品课程教材（折合项）= 国家一流本科课题 ×2+（中宣部组编马工程教材 + 教育部组编马工程教材）×1。
	教学成果奖励	50	统计学校在 2016—2018 年获颁的国家级教学成果和研究生教育成果奖折合数。在汇总计算时，不同奖项不同级别被赋予不同权重，具体计算公式为：教学成果奖励（折合项）= 国家级教学成果奖特等奖 ×4+ 国家级教学成果奖一等奖 ×2+ 国家级教学成果奖二等奖 ×1+ 研究生教育成果奖特等奖 ×4+ 研究生教育成果奖一等奖 ×2+ 研究生教育成果奖二等奖 ×1。
	造就学术人才	100	统计目前（截至 2021 年 6 月）学校的博士毕业生在 1991 年至 2020 年底期间，当选中国科学院院士、中国工程院院士、长江学者特聘教授（2018 年底以前获聘）、国家杰出青年科学基金获得者（2020 年底以前当选）、万人计划科技创新领军人才（2019 年底以前当选）、万人计划哲学社会科学领军人才（2019 年底以前当选）和万人计划百千万工程领军人才的校友总人数。一名学者具有多个头衔和身份的，只统计一次。

续表

科研项目	重大重点项目	200	统计学校在过去五年获立项的重大重点项目折合项，只统计项目主持人的依托单位。在汇总计算时，不同项目被赋予不同权重，具体计算公式为：重大重点项目（折合项）=（国家社会科学基金重大项目+教育部哲学社会科学研究重大课题攻关项目+国家重点研发计划+国家自然科学基金科学中心项目+国家重大科研仪器研制项目+国家自然科学基金重大研究计划+国家自然科学基金重大项目）×4+（国家社会科学基金重点项目+国家自然科学基金重点项目）×2。其中，国家重点研发计划的数据统计时间为 2016—2019 年，自科类项目统计时间为 2016—2020 年，社科类项目统计时间为 2017—2021 年。
	面上青年项目	200	统计学校在 2016—2020 年获立项的国家自然科学基金面上项目和青年项目，以及在 2017—2021 年获批的国家社会科学基金（含全国教育科学规划、全国艺术科学规划）一般项目和青年项目的总数。
成果获奖	教育部奖励	200	统计学校在 2015—2019 年获颁的教育部高校科研优秀成果奖（科学技术）和在 2020 年获颁的教育部高校科研优秀成果奖（人文社会科学）折合数。只统计第一获奖人所在单位。在汇总计算时，不同奖项不同级别被赋予不同权重，具体计算公式为：教育部奖励（折合项）=教育部科学技术特等奖 ×16+ 教育部科学技术一等奖 ×6+ 教育部科学技术二等奖 ×2+ 教育部科学技术青年科学奖 ×2+ 教育部人文社科一等奖 ×6+ 教育部人文社科二等奖 ×2+（教育部人文社科三等奖 + 教育部人文社科青年成果奖 + 教育部人文社科普及读物奖）×1。
学术论文	国际重要期刊论文	100	统计学校在 2016—2020 年在相应学科发表的国际重要期刊（期刊影响因子处于该学科前 25% 的期刊）论文数。只统计"研究论文"（Article）类型的文献。
	中文期刊论文	100	统计学校在 2016—2020 年在相应学科被 CSSCI 数据库收录的论文数。只统计论文类文献。
	国际顶尖期刊论文	100	统计学校在 2016—2020 年在相应学科的国际顶尖期刊上发表的相应学科的论文数，只统计"研究论文"（Article）类型的文献。各学科的国际顶尖期刊是指"软科学术卓越调查"得到的学科顶尖期刊或国内专家遴选出的外文顶尖期刊。
	中文顶尖期刊论文	100	统计学校在 2016—2020 年在相应学科的中文顶尖期刊上发表的相应学科的论文数。只统计"论文"类文献。各学科的中文顶尖期刊根据国内专家遴选出的中文顶尖期刊确定。

学术人才	中年领军专家	100	统计学校在 2016—2020 年在相应学科的中文顶尖期刊上发表的相应学科的论文数。只统计"论文"类文献。各学科的中文顶尖期刊根据国内专家遴选出的中文顶尖期刊确定。统计目前（截至 2021 年 6 月）人事关系在学校的中年领军专家总数。中年领军专家包括：长江学者特聘教授（2018 年底以前获聘），国家杰出青年科学基金获得者、万人计划科技创新领军人才（2019 年底以前当选），万人计划哲学社会科学领军人才（2019 年底以前当选）、万人计划百千万工程领军人才，以及近 10 年国家自然科学基金创新研究群体项目、国家重点研发计划、国家重大科研仪器研制项目（千万级以下）、国家重大研究计划集成项目和支持项目、国家自然科学基金重点项目等国家重点项目主持人，还有近 10 年国家自然科学奖二等奖、国家技术发明奖二等奖、国家科技进步奖二等奖、教育部高校科研优秀成果（科学技术）特等奖和一等奖等权威奖励的第一获奖人，其中同时拥有两个或以上头衔的学者仅统计一次。不统计已拥有资深学术权威头衔的学者。
	青年拔尖英才	100	统计目前（截至 2021 年 6 月）人事关系在学校的青年拔尖英才总数。青年拔尖英才包括：国家优秀青年科学基金获得者（2020 年底以前当选）、海外高层次青年人才（2018 年底以前当选）、万人计划青年拔尖人才（2019 年底以前当选）、青年长江学者（2018 年底以前当选），以及近 10 年中国青年科技奖、教育部高校科研优秀成果青年科学奖（科学技术）、教育部高校科研优秀成果青年成果奖（人文社会科学）等权威青年奖的获奖人，其中同时拥有两个或以上头衔的学者仅统计一次。不统计已拥有资深学术权威或中年领军专家头衔的学者。
	文科学术骨干	100	统计目前（截至 2021 年 9 月）人事关系在学校的文科学术骨干总数。文科学术骨干包括：近 10 年国家社会科学基金重大项目和重点项目、教育部哲学社会科学研究重大课题攻关项目等文科重大重点项目主持人，以及近 10 年教育部高校科研优秀成果奖（人文社会科学）（不含青年成果奖）等文科权威奖项的第一获奖人，其中同时拥有两个或以上头衔的学者仅统计一次。不统计已拥有资深学术权威、中年领军专家或青年拔尖英才头衔的学者。
	国际知名学者	100	统计目前（截至 2021 年 6 月）人事关系在学校的科睿唯安高被引科学家（2020 年当选）和爱思唯尔国际知名学者 100 中国高被引学者（2020 年当选）的总数，其中拥有两个头衔的学者只统计一次。

（二）教育部学科评估体系

教育部学科评估是教育部学位与研究生教育发展中心（简称"学位中心"）按照教育部和国务院学位委员会颁布的《学位授予和人才培养学科目录》，对具有研究生培养和学位授予资格的一级学科进行整体水平评估（简称

"学科评估"），并根据评估结果进行聚类排位。此项工作于 2002 年首次在全国开展，至今已开展了五轮评估，第五轮评估结果有待公布。

1. 评估目的

评估目的有三个：一是服务大局，贯彻落实国家教育规划纲要提出的"鼓励专门机构和社会中介机构对高等学校学科、专业、课程等水平和质量进行评估"的精神，服务研究生教育"提高质量、优化结构、鼓励特色、协同创新"的大局；二是服务高校，通过对学科建设成效和质量的评价，帮助高校了解学科现状、优势与不足，促进学科内涵建设，提高研究生培养和学位授予质量；三是服务社会，提供客观的学科水平信息，为学生选报学校、学科和社会人才流动提供参考。

2. 参评条件与参评情况

学位中心坚持"自愿申请参加，免收参评费用"的原则开展学科评估工作。各单位只要有一个及以上二级学科具有博士或硕士学位授予权（即具有研究生培养和学位授予资格），均可申请参加该一级学科的评估。第三轮评估按"新学科目录"进行，要求"拆分学科"（如原"历史学""建筑学"）相关学科必须同时申请参评，以客观反映学科拆分后的真实情况。

第一轮评估于 2002—2004 年分 3 次进行（每次评估部分学科），共有 229个单位的 1366 个学科申请参评。第二轮评估于 2006—2008 年分 2 次进行，共有 331 个单位的 2369 个学科申请参评。第三轮评估于 2009—2011 开展，在 95 个一级学科中进行（不含军事学门类），共有 391 个单位的 4235 个学科申请参评，比第二轮增长 79%。第四轮学科评估于 2016 年 4 月启动，2017年开展，共有 513 个单位的 7449 个学科参评，比第三轮增长 76%。第五轮学科评估则是从 2020 年启动。

3. 评估指标体系

评估以"聚焦立德树人""突出诊断功能""强化分类评价""彰显中国特

色"为基本原则。将人才培养质量放在首位，构建"思想政治教育成效""培养过程质量""在校生质量""毕业生质量"四维度评价体系。注重多元评价，采取多维方法。把师德师风作为评价教师的第一标准，以促进师德与师能相统一。在评估整体导向上，突出质量、贡献和特色。优化参评规则，坚持"归属度"原则，鼓励学科交叉融合和学科生态优化，确保跨学科成果合理使用。优化结果分档方法，多元呈现评估结果，分类发布总体结果与提供单项评估结果相结合。

4. 评估工作程序

为保证"严谨规范、公开透明"，学科评估按照以下程序进行，并将程序对参评单位预先明示。

（1）数据采集。数据采集包括"公共数据采集"与"单位材料报送"两部分。学位中心通过教育部、科技部、国家自然科学基金委、有关教指委、学会等官方数据源获取公共数据，以及通过参评单位申报获取参评学科数据。

（2）数据核实。评估数据真实性是评估结果可靠性的重要保证。数据核实主要包括四个方面：一是按数据采集标准，对单位填报数据进行筛查；二是开发专门系统，对多单位、多学科重复填写的数据进行核查；三是利用学位中心构建的公共信息库，开发专门系统对填报数据进行核对；四是对发表学术论文等数据进行抽查。此项工作是学科评估最重要的环节之一，核查反馈材料近万页之多。

（3）信息公示。在确保国家信息安全的前提下，对单位填报的部分信息在参评单位范围内进行网上信息公示，接受各方异议，并对异议情况再按评估标准进行确认。

（4）专家问卷调查。学科评估借鉴国内外经验，采用"客观评价和主观评价相结合"的评价模式，邀请专家对学科声誉、学术道德、社会贡献与学生毕业后质量等进行主观评价。主观评价通过"问卷调查"方式进行，每个学科参与调查的人数一般为 50~100 人。如第三轮学科评估除邀请本学科专家外，还特邀了部分来自教育部、科技部、文化部、国家自然科学基金委等30 多个部委及大型企业的近 500 名行业、企业界人士。

（5）结果统计与发布。学科评估结果按照"精确计算、聚类统计"的原则产生。如第三轮学科评估首先按指标体系精确计算得到原始得分，然后改变以往"四舍五入取整"产生并列排位的做法，采用"聚类统计"算法，将原始得分相近的聚为一类，使得分类更科学，同一类并列的单位更多，从而淡化名次，引导单位更加关注学科建设的优势与不足。考虑到科研院所的特殊情况，高校和科研院所评估数据进行统一计算，公布时分别排列。

第二节 前四轮高等体育院校学科评估结果

一、第一轮学科评估共 14 所院校

第一轮"体育学"学科评估共有 14 所院校参加，其中高等体育院校共有5 所，且排名都比较靠前。评估结果和排名见表 8-2 所示。

表 8-2　第一轮学科评估高等体育院校的评估结果

学校代码及名称	整体水平	
	排名	得分
10043 北京体育大学	1	96.5
10277 上海体育学院	2	85.9
10522 武汉体育学院	3	82.8
10653 成都体育学院	5	78.6
10029 首都体育学院	7	77.9

二、第二轮学科评估共 26 所院校

"体育学"一级学科在全国高校中具有"博士一级"授权的单位共 4 个，本次参评 4 个；具有"博士点"授权的单位共 15 个，本次参评 7 个；还有 7 个具有"硕士一级"授权和 8 个具有"硕士点"授权的单位也参加了本次评估，参评高校共 26 所。其中高等体育院校共 5 所，其评估结果和排名见表 8-3 所示。

表 8-3　第二轮学科评估高等体育院校的评估结果

学校代码及名称	排名	整体水平得分
10043 北京体育大学	1	89
10277 上海体育学院	2	76
10653 成都体育学院	5	70
10585 广州体育学院	7	68
10208 吉林体育学院	13	64

三、第三轮学科评估共 53 所院校

"体育学"一级学科在全国高校中具有"博士一级"授权的单位共 15 所，本次有 14 所参评，还有部分具有"博士二级"授权和硕士授权的高校参加了评估，参评高校共计 53 所。其中高等体育院校共 8 所，其评估结果和排名见表 8-4 所示（注：得分相同的高校按学校代码顺序排名）。

表 8-4　第三轮学科评估高等体育院校的评估结果

学校代码及名称	评价结果
10043 北京体育大学	93
10277 上海体育学院	89
10522 武汉体育学院	81
10071 天津体育学院	77
10176 沈阳体育学院	77
10653 成都体育学院	77
10330 南京体育学院	73
10242 哈尔滨体育学院	70

四、第四轮学科评估共 78 所院校

"体育学"一级学科中，全国具有"博士授权"的高校共 21 所，本次参评 21 所，另外部分具有"硕士授权"的高校也参加了评估，参评高校共计 78 所。其中高等体育院校共有 12 所参加，评估结果见表 8-5 所示（评估结果相同的高校排序不分先后，按学校代码排列）。

表 8-5　第四轮学科评估高等体育院校的评估结果

学校代码及名称		评价结果
10043	北京体育大学	A+
10277	上海体育学院	
10071	天津体育学院	A-
10522	武汉体育学院	
10653	成都体育学院	
10029	首都体育学院	B+
10176	沈阳体育学院	
10208	吉林体育学院	B
10585	广州体育学院	
10727	西安体育学院	
10330	南京体育学院	B-
10457	山东体育学院	

第三节　第五轮学科评估

2020 年 11 月，为贯彻落实《深化新时代教育评价改革总体方案》精神，教育部学位与研究生教育发展中心印发《关于公布〈第五轮学科评估工作方案〉的通知》，启动了第五轮学科评估工作。第五轮学科评估以"立德树人成效"为根本标准，以"质量、成效、特色、贡献"为价值导向，以克服"四唯"顽疾为突破口，坚持"一级学科整体水平评估"的基本定位，对评估体系和方法进行了系统性升级。

一、指导思想

以新时代中国特色社会主义思想为指导，深入贯彻中共中央、国务院《深化新时代教育评价改革总体方案》精神，落实立德树人根本任务，遵循教育规律，扭转不科学的评价导向，加快建立中国特色、世界水平的教育评价体系，提升我国学科建设水平和人才培养质量，推动实现高等教育内涵式发展。

二、基本原则

（一）聚焦立德树人

构建以立德树人成效为根本标准，以"质量、成效、特色、贡献"为价值导向，以定量与定性评价相结合为基本方法的评估体系，在保持一级学科整体水平评估基本定位和评估体系框架基本稳定的基础上，坚持继承创新。

（二）突出诊断功能

评估体系和信息服务突出诊断功能，坚持以评促建、以评促升。通过学科发展纵向分析和横向比较，总结阶段性进展，查找结构性短板，呈现优势与不足，助力学科内部的治理能力提升。

（三）强化分类评价

以一级学科为单元，突出特色，体现优势，加强不同学科分类评价。强化"代表作"和"典型案例"评价，设置开放性留白，充分体现办学定位与特色贡献。

（四）彰显中国特色

立足中国国情和学科发展实际，借鉴国外有益经验，构建中国特色评价体系，创新评价方法，树立中国标准，特别是哲学社会科学更加凸显中国风格和中国气派。

三、主要举措

（一）强化人才培养中心地位

把人才培养质量放在首位，构建"思想政治教育成效""培养过程质量""在校生质量""毕业生质量"四维度评价体系。一是加强思想政治教育成效评价。把思想政治教育放在人才培养首位，重点考察"三全育人"综合改革情况及成效。二是加强人才培养过程质量评价。重点考察教材体系、课程体系、教学体系、国际交流等方面情况，突出科学研究等对人才培养的支撑作用。三是加强在学质量与毕业质量相结合的学生质量评价。在学质量突出学生"德智体美劳"全方位代表性成果，注重学生参与度和贡献度；毕业质量坚持整体就业质量和职业发展质量相结合，注重用人单位评价。

（二）坚决破除"五唯"顽疾

注重多元评价，采取多维方法。评价教师不唯学历和职称，不设置人才"帽子"指标，避免片面以学术头衔评价学术水平的做法。评价科研水平不唯论文和奖项，设置"代表性学术著作""专利转化""新药研发"等指标，进行多维度科研成效评价。评价学术论文聚焦标志性学术成果，采用"计量评价与专家评价相结合""中国期刊与国外期刊相结合"的"代表作评价"方法，淡化论文收录数和引用率，不将SCI、ESI相关指标作为直接判断依据，规定代表作中必须包含一定比例的中国期刊论文，突出标志性学术成果的创新质量和学术贡献。充分运用基于定量数据和客观证据的专家融合评价方法，坚持代表性成果专家评价与高水平成果定量评价相结合。

（三）改革教师队伍评价

把师德师风作为评价教师的第一标准，促进师德与师能相统一。采用"队伍总体结构与代表性教师相结合"的方法评价教师队伍质量，重视青年教师队伍情况。加强教师以教书育人为首要职责的评价，把教授为本科生上课和指导研究生情况作为重要观测点。教师成果严格按署名单位认定、不随人走，关注教师在本单位工作年限和授课情况，抑制人才无序流动。

（四）突出质量、贡献和特色

在评估整体导向上，突出质量、贡献和特色。强化质量，淡化数量，不设置发表论文数、出版专著数、申请专利数等指标，突出原创性、前沿性、突破性成果。强化学科对国家、区域重大战略需求和经济社会发展的实际贡献，哲学社会科学学科更加强调发挥文化传承创新与智库作用，自然科学学科更加强调科技成果转化应用与解决关键核心技术问题。强化分类特色评价，按一级学科分别设置指标体系，充分体现办学定位与学科优势。

（五）提升数据可靠性和评价科学性

优化参评规则，坚持"归属度"原则，鼓励学科交叉融合和学科生态优化，确保跨学科成果合理使用。完善信息填报标准，加大信息公示力度，创新信息审核机制，提升智能核查水平，建立违规惩戒机制，进一步提高评估信息可靠性。适度扩大评议专家规模，制定专家评价指南，优化调查问卷设计，充分运用"融合评价"，建立专家"元评价"制度，进一步提升专家评价和问卷调查的科学性。

（六）多元呈现评估结果

优化结果分档方法，多元呈现评估结果，分类发布总体结果与提供单项评估结果相结合。深化评估信息挖掘，向政府和参评单位按需提供诊断分析服务，促进学科内涵建设和高质量发展。

四、评估程序

（1）自愿申请。各学位授予单位的博士硕士学位授权学科，均可按规则自愿申请参评。

（2）信息采集。采用"公共数据获取与单位审核补充相结合"的信息采集模式，将通过公共渠道获取的信息提供给参评单位确认并补充必要材料，着力减轻单位负担。

（3）信息核查。通过材料形式审查、信息逻辑检查、公共数据比对、证明材料核查、重复数据筛查、重点数据抽查、学科归属分析等七项措施，对评估信息进行全面核查和"清洗"。

（4）信息公示。在确保信息安全的前提下，对部分评估信息进行网上公示，由参评单位相互监督并提出异议。

（5）反馈复核。对信息核查和信息公示中发现的存疑问题，汇总反馈至相关单位复核，对弄虚作假行为进行惩戒。

（6）专家评价。按一级学科和评价指标分类遴选专家，请专家对各定性评价指标进行逐项评价。

（7）问卷调查。通过网络调查平台对学生和用人单位进行问卷调查。邀请同行和行业专家对学科声誉进行问卷调查，邀请境外同行专家对部分学科开展国际声誉调查。

（8）结果形成。根据定量指标和定性指标评价结果，依据专家确定的指标权重，统计形成评估结果。

（9）结果发布。分类分档发布总体评估结果，探索提供多维度评估结果。

（10）诊断分析。深入开展信息挖掘分析，为参评学科和单位提供诊断分析服务，发挥评估诊断作用；为政府提供总体分析研究报告，发挥评估智库作用。

五、指标体系框架

第五轮学科评估指标如表8-6所示。

表 8-6　第五轮学科评估指标

一级指标	二级指标	三级指标
A. 人才 培养 质量	A1. 思政教育	S1. 思想政治教育特色与成效
	A2. 培养过程	S2. 出版教材质量
		S3. 课程建设与教学质量
		S4. 科研育人成效
		S5. 学生国际交流情况
	A3. 在校生	S6. 在校生代表性成果
		S7. 学位论文质量
	A4. 毕业生	S8. 学生就业与职业发展质量
		S9. 用人单位评价（部分学科）
B. 师资队伍 与资源	B1. 师资队伍	S10. 师德师风建设成效
		S11. 师资队伍建设质量
	B2. 平台资源	S12. 支撑平台和重大仪器情况（部分学科）
C. 科学研究 （与艺术／设计 实践）水平	C1. 科研成果（与转化）	S13. 学术论文质量
		S14. 学术著作质量（部分学科）
		S15. 专利转化情况（部分学科）
		S16. 新品种研发与转化情况（部分学科）
		S17. 新药研发情况（部分学科）
	C2. 科研项目与获奖	S18. 科研项目情况
		S19. 科研获奖情况
	C3. 艺术实践成果	S20. 艺术实践成果（部分学科）
	C4. 艺术／设计实践项目与获奖	S21. 艺术／设计实践项目（部分学科）
		S22. 艺术／设计实践获奖（部分学科）
D. 社会服务 与学科声誉	D1. 社会服务	S23. 社会服务贡献
	D2. 学科声誉	S24. 国内声誉调查情况
		S25. 国际声誉调查情况（部分学科）

六、评估特征分析

（一）人才培养质量放在首位

第五轮学科评估工作将人才培养质量放在首位，在该一级指标下构建起了"思想政治教育成效""培养过程质量""在校生质量""毕业生质量"四维度评价体系，强化人才培养中的方向性、系统性、过程性、成长性和多元性评价。

（二）师德师风作为评价教师的第一标准

在改革教师队伍评价上，第五轮学科评估强调要把师德师风作为评价教师的第一标准，以"聚焦立德树人"为评估首要原则，促进师德与师能相统一；继续沿用"队伍结构质量和代表性骨干教师相结合"的评价方法，不设置填写、不统计人才"帽子"数量；对教师成果严格按产权单位认定，不随人走，抑制人才无序流动；将教授为本科生上课和指导研究生情况作为重要观测点，继续强化对教师教书育人职责的评价导向。

（三）多维方法下进行多元评价

第五轮学科评估提出要注重多元评价、采取多维方法。例如，评价教师不唯学历和职称，不设置人才"帽子"指标；评价科研水平不唯论文和奖项，设置"代表性学术著作""专利转化""新药研发"等多维指标；评价学术论文聚焦标志性学术成果，淡化论文收录数和引用率，扭转"SCI至上"局面；充分运用基于定量数据和客观证据的专家"专家融合评价"方法等。

（四）工作流程和方法更加优化

为提高专家评价的公平性、公正性和科学性，本次评估将适度扩大专家数量，每位专家仅评审部分指标，保证评价"精度"和"深度"，并利用定量数据和客观数据辅助专家评价，通过"去极值""标准化"等统计学方法处理评价结果，剔除专家评价的"奇异值"，提高专家定性评价的可靠性。评估管理过程智能化，本轮评估构建了"公共数据与学校填报相结合"的数据获取模式，提升了评估信息平台智能化水平，首次实施"全程无纸化"报送流程，减少对高校正常办学的干扰。

（五）较前四轮学科评估的变化

在深入总结前四轮学科评估经验的基础上，第五轮学科评估立足新时代，坚持继承创新、与时俱进，按照"改革结果评价、强化过程评价、探索增值评价、健全综合评价"要求，在以下方面改革完善：①进一步落实立德树人根本任务；②进一步破除"五唯"顽瘴痼疾；③进一步强化师德与师能相统一；④进一步突出质量、贡献和特色；⑤进一步强化分类评价；⑥进一步完善中国特色哲学社会科学学科评价体系；⑦进一步提升评估信息可靠性；⑧进一步提高专家评议质量和评价科学性；⑨进一步完善结果发布方式；⑩进一步强化评估诊断功能。

在评估指标体系设计上，坚持以"立德树人成效"为根本标准，以"质量、成效、特色、贡献"为价值导向，以"定量与定性评价相结合"为基本方法，以破除"五唯"顽疾为突破口，在保持一级学科整体水平评估基本定位和评估体系框架基本稳定的基础上，进一步强化人才培养中心地位，坚决破除"五唯"顽疾，改革教师队伍评价，突出质量、贡献和特色。

七、学科评估改革的举措

加快构建科学权威、具有中国特色的哲学社会科学学科评价体系，以凸显中国特色、中国风格、中国气派。第五轮学科评估改革主要体现在以下方面：一是更加强调政治方向。哲学社会科学学科具有鲜明的意识形态属性，要突出马克思主义指导地位，坚持社会主义办学方向，牢牢把住学术评价中的政治关。二是更加彰显中国特色。重点考察哲学社会科学学科在立足中国实际、解决中国问题、讲好中国故事、传播中国声音等方面的特色和贡献，凸显中国风格和中国气派。例如，将"三报一刊"文章作为重要研究成果，规定代表性论文必须包含一定比例的中国期刊论文，强调课程、教材评价更加突出思想性、时代性，紧密结合经济社会发展需要，体现中国实际。三是更加体现学科特点。淡化实验室、基地等条件资源类指标，强化对学术著作、艺术实践成果等进行"代表作评价"，适度降低学术论文等指标权重，不设置专利转化等指标。对于人文学科，强调其在发展中国特色社会主义文化，激发全民族文化创新创造活力等方面的贡献；对于社会科学，鼓励其在中国实践中形成中国方案，研究解决中国重大问题；对于艺术学科，突出以美育人、以文化人的特点，更注重考察其实践性，强调科学研究与艺术实践并重。四是更加突出服务社会。充分认可哲学社会科学学科在政策咨询、智库建设、公共服务和弘扬中华优秀传统文化等方面的贡献，加大社会服务"案例"权重，丰富"案例"内涵。五是更加强调同行评价。相对于自然科学学科，哲学社会科学学科成果难以通过量化指标全面呈现建设成效，更加依靠学术共同体，采取切实举措，提高同行评价质量。同时，首次在教育学、心理学、考古学、工商管理、音乐与舞蹈学、设计学等哲学社会科学学科设置学科"国际声誉"指标，邀请境外专家开展学科声誉调查。

八、体育学的评估指标变化

学科评估有利于高等体育院校进一步加强学科建设规划。学科评估是对高等体育院校学科建设发展状况的综合评价，对学科发展具有导向作用。通过学科评估，让高等体育院校学科定位和发展方向更加清晰，切实促进高等体育院校开展科学、可持续的学科建设。从第五轮学科评估指标的变化可以看出，强化人才培养的基础性作用，推动高等体育院校重新审视人才培养方案的合理性、培养过程的严格性、培养结果的精准性和持续性，推动以人才培养为核心的学校内部治理体系改革，面向国家和地区的发展需求，培养出德智体美劳全面发展、基础知识宽厚、专业能力突出、具有科学精神的体育高层次人才。评价教师不唯学历和职称，避免了以往片面以学术头衔评价学术水平，采用"队伍总体结构与代表性教师相结合"的方法评价教师队伍质量，重视青年教师队伍建设情况。高等体育院校还可以充分利用科技资源和人才资源优势，采用兼职教师、柔性引进、专项工作、课题协议、实践基地等方式，以满足提高人才培养质量的需求。坚持代表性成果专家评价与高水平成果定量评价相结合，充分运用基于定量数据和证据的"融合评价"，通过"融合评价"创新激发高等体育院校科研动力、释放创新科研活力。这些评价指标的改变，对高等体育院校进一步规划学科建设，起到了"指挥棒"的作用。

学科评估是对高等体育院校学科建设行之有效的周期性检验，进一步推动高等体育院校学科建设管理工作的科学化和规范化进程。高等体育院校体育学科要获得更多的发展空间，按照体育学科评估所设定的指标展开建设，通过学科评估结果分析报告，可以全面了解体育学科发展状况，让高等体育院校充分认识自身优势、发展机遇、面临挑战，推进高等体育院校学科建设战略谋划和系统布局，优化学科资源配置，深化内涵建设，提高研究生培养和学位授予质量，促进学科建设水平不断地提升。

第九章　高等体育院校学科建设的关键保障：管理质量

第一节　高等体育院校学科建设管理现状

一、学科建设管理部门设置情况

2018 年 8 月，教育部、财政部和国家发展改革委联合印发的《关于高等学校加快"双一流"建设的指导意见》中明确指出，要"健全高校'双一流'建设管理机构，创新管理体制与运行机制"。一流学科建设需要行政有力的组织管理，学科建设的管理机构和运行机制，是高等体育院校学科建设的重要保障。

目前我国高等体育院校学科建设管理机构的设置主要有两种形式。

（一）研究生院（部）全面负责学科建设

由于学位授权点建设的宏观方面的职能与学科建设职能之间的模糊关系，在高等体育院校中，具备硕士或博士学位授予权的学校，一般设有研究生教育主管部门，其名称在各校稍有不同，如"研究生部""研究生教育学院""研究生院"等，学科建设由研究生院（部）全面负责，下设具体的负责科室，这是关于学科建设管理机构最为传统的一种组织形式。如北京体育大学、成都体育学院、哈尔滨体育学院学科管理在研究生院，武汉体育学院、沈阳体育学院、首都体育学院学科管理都是在研究生部，山东体育学院学科管理在研究生教育学院。下设科室有学科办公室、学科建设办公室、规划科、质量管理科等，或者由学位办公室负责学科建设工作。

（二）由其他处级单位统筹管理负责学科建设

如表 9-1 所示，个别高等体育院校的学科建设的职能由其他处级单位统筹管理，如上海体育学院和南京体育学院，学科建设均由发展规划处负责。还有高等体育院校由科研处统筹管理学科建设工作，如吉林体育学院和河北体育学院。

表 9-1　高等体育院校学科建设管理部门设置情况

学校名称	学科管理部门
北京体育大学	研究生院
上海体育学院	发展规划处、高教研究室 （依法治校办公室、学科建设办公室）
天津体育学院	科研与研究生处
武汉体育学院	研究生部
成都体育学院	研究生院
首都体育学院	研究生部
沈阳体育学院	研究生部
吉林体育学院	科研处
广州体育学院	发展规划处
西安体育学院	发展规划处
南京体育学院	发展规划处、学科建设办公室（合署办公）
山东体育学院	研究生教育学院
哈尔滨体育学院	研究生院（国际交流学院）
河北体育学院	科研处

由于高等体育院校的主流学科为体育学，体育学下属二级学科同时分散在不同的二级学院，并且同一个二级学科有不止一个的学院建设主体。因此，高等体育院校学科建设管理实行的是"分而统之"的模式，即各要素分属各

职能部门（如科学研究归属科研处管理、学科梯队建设归属人事处管理等）和学科建设专职部门统筹各要素发展相结合。对于以体育事业、教育、发展为核心与发展方向的高等体育院校，"分而统之"的管理模式比较适用。

二、学科建设管理制度

制度，或称为建制，是社会科学里面的概念。用社会科学的角度来理解，制度泛指以规则或运作模式，规范个体行动的一种社会结构。2010年《国家中长期教育改革和发展规划纲要（2010—2020年）》中要求"推进政校分开、管办分离。适应中国国情和时代要求，建设依法办学、自主管理、民主监督社会参与的现代学校制度，构建政府、学校、社会之间新型关系"，同时提出要"完善中国特色现代大学制度""完善大学治理结构"。科学合理的现代大学管理制度体系是大学明确定位、追求真理、实现可持续发展的重要保障，也是现代大学内部制度建设最为直接的落脚点，创新和完善学科建设管理制度对提高大学管理水平，增强发展后劲尤为重要。

高校学科建设就是按照学科发展的内在逻辑，通过有目的、有计划的制度建设来促使学术组织提升水平的组织行为。从大学结构的角度来考虑，学科系统构成了大学制度的主干。因此，创新学科建设管理制度，对于学科而言，有利于学科秩序的有序发展，使其始终处于持续发展之中；对学科成员而言，有利于他们依据自身需求自由地做出选择，积累和拓展专业知识，培养其强烈的专业意识和合作精神。这既是关系到学校发展的决定性因素，也是高校管理者实行依法治校的重要标志。

学科建设管理制度是一个完整的制度体系。在一所大学里，职能部门的各项制度，如学科建设、师资队伍、科研管理等制度，这些不同方面的制度围绕学科发展目标组成大学完整的制度体系。整个制度体系中既各有分工，又相互联系、协调配合，缺少任何一部分都会造成结构、功能和功效的缺失。

为了能够高效、统一、规范地进行学科建设与管理，高等体育院校也分别制定了多个学科建设管理文件，分别设计人事改革制度、科研管理制度、教学管理制度、学科建设制度、平台管理制度等。以学科制度为例，首都体育学院下发《首都体育学院关于进一步加强学科建设的实施意见》，南京体育学院下发《南京体育学院学科带头人、学术带头人和学术骨干管理办法》等。这些管理制度在一定程度上促进了学科建设的开展和学术团队的建立，但是高等体育院校学科管理制度还存在制度设计不够合理、制度关联性不强、制度执行力不够、制度长期失修缺位等现象。这就要求高等体育院校合理设计学科建设管理制度体系，保证制度体系运行顺畅；强化学科建设管理制度的执行力，增强制度的严肃性和权威性；增强学科建设管理制度的创新力，建立制度动态调整机制，持续改进，不断创新。

第二节　高等体育院校学科建设应遵循的原则

一、提高认识，久久为功

充分认识学科建设在提高人才培养质量、提升科研创新、增强学校核心竞争力、实现学校发展目标等关键领域的龙头作用。让教师回归专业，专业回归学科，树立久久为功的理念，持之以恒抓好学科建设。

二、统筹规划，分层建设

围绕学校发展目标和地区经济社会发展需求，结合高等体育院校学科现状，科学确定学科建设总体任务，明确各类学科发展重点，引导不同类型、不同层次学科找准主攻方向，构建学科分类分层建设与管理体制，凝练和培育学科特色，形成学科优势。

三、发展特色，创新引领

优化资源配置、优化学科结构、优化团队结构，做大、做强优势、特色学科，使部分学科率先达到国内外领先水平。以提高学科创新能力为核心，全面推进政产学研用深度融合和科技成果产业化。加快学科深度交叉融合，形成特色学科群，提高学科的协同力、创新力、贡献力。

四、强化考核，精准施策

强化目标管理，构建学科建设资源配置与绩效管理评价体系，建立滚动淘汰和支持力度动态调整机制，开放竞争、择优支持，克服身份固化、竞争缺失和重复建设。积极争取学科建设各方资源，持续加大投入。根据学科不同类型、学术水平、发展潜力、目标预期等相关情况，确定实施相应的学科建设项目，增强学科建设投入的针对性、精准性，促进学科实力有效提升。

第三节　高等体育院校学科建设存在的问题

一、学科建设缺少整体规划

一是全国的高等体育院校在学科管理上缺乏整体协调规划。《体育强国建设纲要》指出按照党中央、国务院关于加快推进体育强国建设的决策部署，坚持以人为本、改革创新、依法治体、协同联动，持续提升体育发展的质量和效益，大力推动全民健身与全民健康深度融合，更好发挥举国体制与市场机制相结合的重要作用，不断满足人民对美好生活的需要，努力将体育建设成为中华民族伟大复兴的标志性事业。高等体育院校由于地区经济文化的不同，发展建设中也存在着各自的差异，在我国由体育大国向体育强国迈进的过程中，高等体育院校的学科发展不仅要建设符合自身的学科发展规划，更应在全国体育院校整体提升方面发挥各自优势，形成相互补充、相互促进、协调发展的新格局，防止造成学科资源的结构性浪费。

二是高等体育院校自身学科建设缺乏长远规划。学科建设的规划要依据高等体育院校的整体定位来确定，由于高等体育院校办学条件和学科基础不相同，应该有不同的学科建设目标和规划，学科建设与发展的定位决定着学科建设的目标和规划。部分高等体育院校没有学校的总体学科建设规划及分阶段实施计划，因而不能对学科、专业建设中的重大问题提出对策和解决方案，无法协调有关部门制定有效的政策。部分高等体育院校缺少长远的规划，在面向国家重大需求、地方发展要求和学校自身发展目标时，高等体育院校只做一个学科建设周期的五年规划，缺少长远思考，对学校和学科的长远发展极其不利。

二、学科发展定位不准确

学科定位，就是要找准学科的位置。对学科进行科学、准确的定位是学科建设的关键问题之一，它与学校的发展方向有关，同时也决定了学校资源配置的走向。对于高等体育院校来说，学科定位不准确的问题主要包括两个方面：一是指学校整体学科专业布局不合理；二是指学科在与国内外同类学科的比较中，没有找准自身的位置。

高等体育院校进行学科定位，不仅要考虑自身的发展规律、国内外同学科的发展趋势、国家和高校所在地区的经济建设和社会发展需要，更要考虑体育院校自身的实际情况。一些高等体育院校在考虑自身学科定位问题时，一方面不能与时俱进，按社会发展和经济建设的需要和规律以及学科的内在规律及时调整学科专业；另一方面片面追求大而全，在学科布局中盲目求新、求热，脱离原有的学科优势，不考虑自身的基础而追求不切实际的发展目标，这种做法不利于高等体育院校的学科建设。学科定位不当最突出的表现是学校重点发展的学科不突出，特色不明显。对于一所高校来说，重点发展的学科应建立在合理的学科布局基础上，应是学校的特色学科和优势学科。有自己特色的学科专业，学校就有了生命，创学校"品牌"往往就表现在这些特色学科专业上，这是学校发展壮大的基本条件。

三、学科带头人和领军人才缺乏

高水平人才队伍是学校发展的核心要素和首要资源，是高校学科建设的基石。有了高素质的人才，学科发展才有可靠的基础，学科创新的能力和水平才能进一步得到提升。高等体育院校的学科带头人对学科团队成员素质和水平具有显著的引领作用，学科带头人专业水平的高低又直接影响到高等体育院校学科的建设和发展，是推动所属高等院校学科建设的重要力量。

近些年来，高等院校综合运用培养和引进等方式吸收了一批青年学术骨干，但目前从整体情况来看，高等体育院校的高层次学科领军人才不能满足学科建设的需要，虽然很多学校都有人才引进计划，但是选择适合的人才仍然比较难。

四、学科梯队建设乏力

学科梯队是一种以学科为依托组成的团队，一支结构合理、富有团队精神的学科梯队是学科持续发展的关键。然而团队精神的缺乏是当前高等体育院校学科建设中存在的一个普遍问题，一方面是因为学科梯队中缺少位居学术权威地位的资深学者，学科梯队缺乏足够的凝聚力和向心力、内部成员之间不愿合作，每人一摊，泾渭分明，甚至出现人员不团结引起的"内耗"现象。学科梯队内部成员间缺乏沟通与交流，团队精神缺乏，团队合作、协作能力没有充分发挥，导致学科梯队内部矛盾重重，形聚神散，人、财、物分散，严重阻碍了学科建设的发展。另一方面，部分高等体育院校现有的师资队伍结构性失衡，师资队伍中出现"断层"的现象，教师队伍"老龄化"造成教师队伍学历结构、知识结构的老化，随着名师队伍成员不断退休，成熟的青年骨干教师队伍缺乏，造成教师梯队断层，青黄不接；师资队伍中出现"死水"现象，任教于高等体育院校部分教师每天在学校做着同样的事，学校的教师不流动或者很少流动，缺乏革故鼎新的内在动力和外部压力，教师容易产生惰性，管理趋于僵化，效率大打折扣，使学校发展失去后劲。虽然个别高等体育院校储备了年轻人才，但是这些人才的领导能力和协调能力还达不到学科带头人的要求，缺乏影响力，使学科梯队建设后续乏力。

五、学科建设方向及研究领域凝练不够

学科建设规划是从学校整体发展的角度出发，对学校的学科发展规划与方案做出的顶层设计，但目前多数高等体育院校学科建设方向及研究领域凝练具体实施机构还是二级学院。二级学院目前存在研究方向发散、研究问题不够持续、学术氛围不够浓厚等问题，对学科建设的思路和视野有待进一步提升、拓展，研究方向需要进一步凝练，研究特色和优势还不够突出，没有形成学科建设工作的合力，精准服务地方体育事业发展需求的能力有待进一步提高。

六、学科平台没有充分发挥作用

任何学科的发展都离不开一套系统完整的理论和实践平台的支撑，平台是高等体育院校组织科学研究、聚集和培育科技人才、开展学术交流的重要基地，是人才培养、科技创新、团队建设和学科交叉发展的重要载体。高等体育院校均建有国家级、省部级、校级的重点实验室、研究（工程）中心、研究基地（院、所）等平台，虽然制定了一些平台管理制度，但是还存在以下问题：

学科平台建设经费投入不足，实验室设施设备不完善，实验室在学科专业和课程建设中的作用发挥有限；研究基地、中心的研究团队还没形成，研究方向不明确，不能紧跟体育行业和高等体育院校所在区域发展的需求；缺乏高水平的研究成果，达不到平台建设的目标，平台的作用没有得到充分发挥。

七、学科建设资金不足

学科建设贯穿着人才培养、科学研究、社会服务等多方面，涉及学校、学院、学科、专业以及教师等各层面，学科建设经费是学校重要的基本建设经费之一，是实现学科发展的重要支撑和保障，不同的学科有着不同的发展阶段和水平，有着不同的建设投入重点，需要从学校发展整体和学科发展个体特点进行统筹考虑。高等体育院校学科建设经费主要来自财政专项经费，还未形成校内自筹经费投入、校外经费投入的机制，学科经费明显投入不足；高等体育院校学科建设还存在重点投入和均衡发展、规模发展之间的矛盾，学科建设经费过于强调公平性，会导致学科专项经费投入分配使用效益不高，造成原有学科的优势与特色弱化；学科建设经费侧重投入优势学科，会导致其他学科发展受限，也会造成局部浪费。

八、学科管理制度亟须完善

学科建设是一项复杂的系统工作，内涵丰富、外延宽广，因而强有力的组织保障是学科建设正常运行的必要条件。但目前多数高校存在着学科建设管理不规范、不能统一管理、无法组织协调的问题。高等体育院校学科建设没有专门的管理机构，往往挂靠在某一部门，致使学科建设这一重要工作成为该部门的附带工作。由于没有专管机构，也无法对学科进行有效的监督和检查。

制度文化是高校建设的重要抓手，同样学科建设离不开学科管理制度的健全与完善。制度建设滞后，机制运行就会缺乏理论指导，责任不明晰，流程不健全，部门间协同工作就比较困难。就高等体育院校的学科建设的现状看来，还存在内部管理制度不够健全，还未制定学科建设管理办法、学科经费管理办法、学科建设带头人遴选和考核奖励办法、学科评价等一系列制度，无法做到用组织和制度来约束和管理学科建设行为。

九、学科建设管理人员能力亟待提升

在国家"双一流"建设的大背景下，高等体育院校逐渐认识到学科建设工作的重要性，学科建设的行政管理工作也逐渐受到重视。学科建设日常管理主要涉及学科规划的撰写、学科评估的组织、学科材料的填报审核、学科建设经费的申报监督执行等工作。这就要求管理人员能够准确了解学校的发展规划、教师队伍建设、科研进展情况、平台建设情况、研究生教育改革、国外沟通交流等方面的工作开展情况，对内要精准把握所在学校发展步伐，对外要紧跟国家的形势政策和体育发展的方向。如果基层管理人员对学科建设管理方面经验不足，管理不到位，有可能使得整个学科建设甚至学校发展受到极大的影响，更不利于高等体育院校的可持续发展。因此，应加大对管理人员的培训工作，除了校级层面的学科建设管理部门应加强人员配备培养，二级学院也应加强人员配备培养和培训，使足够的管理人员参与到学科建设当中来。

第四节　高等体育院校学科建设质量的提升策略

一、加强党对高等体育院校的领导

习近平总书记在全国高校思想政治工作会议的讲话中指出，办好我国高等教育，必须坚持党的领导，牢牢掌握党对高校工作的领导权，使高校成为坚持党的领导的坚强阵地。坚持和完善党委领导下的校长负责制，贯彻执行

民主集中制和"三重一大"制度，加快现代大学制度建设，健全现代大学治理结构，增强"四个意识"，坚定"四个自信"，全面提高党的建设科学化水平。高等体育院校抓好学科建设，就抓住了建设发展的根本，就能带动和统领全局工作，把"坚持党对教育事业的全面领导"落实到高等体育院校学科建设的各个环节，履行好政治责任，把握好政治原则、政治立场、政治方向。在校党委的领导下，高等体育院校要强化学科顶层设计，加强学科内涵建设，面向国家重大需求，优化学科结构，提高解决问题的能力和水平，提升科研成果的质量，建设有自身特色的学科体系，全面提高办学质量和效益，培养高层次、高素质的创新型体育人才。

二、加强师资队伍建设

只有一流的师资队伍才能形成一流的学科，学科建设的水平归根结底取决于师资队伍建设水平。高等体育院校应建立开放、流动、竞争、协同的用人机制，吸引顶尖人才、培养青年人才、用好现有人才，加大人才引进力度，吸引优秀人才来高等体育院校工作的同时，更要注重自主培养领军型人才。加强学科梯队建设，特别要注重青年教师的培养，加速其成长为能参与国际、国内一线竞争的学术骨干；充分发挥学科带头人的引领作用，着力培育跨学科、跨领域的人才队伍，不断增强人才队伍可持续发展能力。加快推进高等体育院校人事分配制度改革，通过人事分配制度改革发挥人的核心作用，改进教师科研评价，突出质量导向，重点评价学术贡献、社会贡献以及支撑人才培养情况，引导出成果、出人才并重，"凝聚人心、汇聚人气、聚集人才"，造就一批具有国际水平的战略科技人才、科技领军人才、青年科技人才和优秀创新团队。

三、不断凝练学科方向

高等体育院校要围绕国家"双一流"建设目标，明确学科建设定位，立足传统学科优势和经济社会发展需求，完善学科布局，凝练学科方向，突出学科特色，培育学科队伍，营造学科环境，提升学科整体实力和影响力，加快推进学校特色优势学科建设步伐。高等体育院校学科方向的凝练，应瞄准世界体育科技前沿，关注科技发展的变化，从全球体育竞争的高度来考虑战略发展问题；高等体育院校坚持学术探索与服务国家需求相结合，确立优先发展的学科方向及相应学科领域，建立需求服务对接机制，主动适应我国市场经济发展的需求，与研究生教育发展相结合，培养适合社会需求的高层次体育人才，产出社会需要的高科技成果，着力提高体育领域的原始创新和自主创新能力。

四、强化人才培养的基础性地位

培养什么人、怎样培养人是办学首先要回答的问题，这就要求高等体育院校不忘办学初心、牢记育人使命，按照学科评估对于体育院校人才培养质量提出的新要求，积极调整高等体育院校学科建设思路，包括重新审视体育院校人才培养方案的合理性、培养过程的严格性、培养结果的精准性和持续性；强化师德师风考核的教师职称评审制度改革；落实教师育人责任，加强对学生的指导，同时还要重视学生的获得感和成长度；关注学生的满意度、用人单位的评价与反馈等。

五、改变单一的科研评价规则

加快推进科研体制机制改革，建立多元评价体系。改变片面将论文、专利、资金数量作为人才评价标准的做法，聚焦标志性学术成果，淡化论文收录数和引用率，突出科研成果的原创性、前沿性、突破性。引导教师和团队从注重数量向注重质量发展，从注重纵向项目向注重"纵横一体化"发展，从单兵作战向团队攻关发展。积极探索以代表性成果和原创性贡献为主要内容的科研评价，不断提升科研成果转移、转化的质量和水平。

六、加强学科制度建设

深化高等体育院校综合改革，以管理体制、人事聘用、薪酬分配、财务经费运行等改革为突破口，完善高等体育院校内部治理结构，探索建立与一流学科大学建设相适应的体制机制。探索学科建设与发展长效机制，加强学科制度建设，研制学科建设管理办法、学科经费管理办法、学科建设带头人遴选和考核奖励办法、学科评价等一系列制度，用制度约束和管理学科建设行为，进而提升学科的建设成效与发展水平，促进学科整体全面、协调、可持续发展。

七、加强平台建设管理

高等体育院校应按照国家级、省部级、校级三个层次统筹规划布局，在突出创新导向、鼓励协同创新、强化共享服务、实行绩效评估、择优重点扶持、实施优胜劣汰的基础上，进一步完善科研平台管理体制。研究制定平台建设管理办法，规范平台建设程序，着力提升平台内涵建设水平，区分好教学平台和科研平台，细化平台建设方案，明确平台建设目标，落实建设责任主体，进一步促进平台实体化。针对国家战略和所在地区社会发展需求的重大科技问题，积极开展以基础理论研究和应用基础研究为主的创新性研究，打造国内具有影响力的高水平、开放共享的体育科研平台，形成学科建设的标志性成果。

八、提升学科管理人员的管理水平

注重学科管理人员队伍建设，设立专门的学科管理办公室和专职管理人员对高等体育院校学科建设进行管理。对管理人员开展岗位培训，全面掌握学科建设的要素、学科建设的内容、上级管理文件要求等，不断更新知识结构，把握工作重点。走访其他高等体育院校，针对学科建设开展调研，学习借鉴兄弟院校的宝贵经验，以提升学科服务能力，拓宽工作视野。

九、拓展国际合作与交流途径

利用高等体育院校良好的国际交流与合作的基础和开放办学的传统，积极与世界高水平大学和学术机构开展学生交换、学分互认和联合培养等活动。引领师生开阔国际视野、接轨国际研究、拓展国际合作，加强国际协同创新，在教育教学、科技创新等方面瞄准国际一流目标，育一流人才、产一流成果；主办或承办高水平国际学术会议和研究生学术论坛，努力提高、提升学校的国际影响力和显示度；积极参与国际和区域性重大科学计划和科学工程，通过互派师生访学交流、教学科研合作等途径，提升国际学术话语权和国际化教育水平。

高等体育院校应当按照面向世界科学技术前沿、面向国家重大战略需求、面向体育和健康事业主战场，进一步优化学科方向的布局，立足自身已有基础，通过汇聚国际化高水平团队，构建跨学科创新平台，推进资源整合和高效配置，不断谋求新突破，创造具有重大国际影响力和引领地位的科技成果。

附　录

附录1　教育部 财政部 国家发展改革委关于印发《统筹推进世界一流大学和一流学科建设实施办法（暂行）》的通知

教研〔2017〕2号

各省、自治区、直辖市人民政府，国务院各部委、各直属机构：

为贯彻落实党中央、国务院关于建设世界一流大学和一流学科的重大战略决策，根据国务院《统筹推进世界一流大学和一流学科建设总体方案》，教育部、财政部、国家发展改革委制定了《统筹推进世界一流大学和一流学科建设实施办法（暂行）》，经国务院同意，现予以印发。

教育部 财政部 国家发展改革委

教育部　财政部　国家发展改革委

2017 年 1 月 24 日

统筹推进世界一流大学和一流学科建设实施办法（暂行）

第一章　总则

第一条　为贯彻落实党中央、国务院关于建设世界一流大学和一流学科的重大战略决策部署，根据《统筹推进世界一流大学和一流学科建设总体方案》（国发〔2015〕64号，以下简称《总体方案》），制定本办法。

第二条 全面贯彻党的教育方针，坚持社会主义办学方向，按照"四个全面"战略布局和创新、协调、绿色、开放、共享发展理念，以中国特色、世界一流为核心，落实立德树人根本任务，以一流为目标、以学科为基础、以绩效为杠杆、以改革为动力，推动一批高水平大学和学科进入世界一流行列或前列，为实现"两个一百年"奋斗目标、实现中华民族伟大复兴的中国梦提供有力支撑。

第三条 面向国家重大战略需求，面向经济社会主战场，面向世界科技发展前沿，突出建设的质量效益、社会贡献度和国际影响力，突出学科交叉融合和协同创新，突出与产业发展、社会需求、科技前沿紧密衔接，深化产教融合，全面提升我国高等教育在人才培养、科学研究、社会服务、文化传承创新和国际交流合作中的综合实力。

到2020年，若干所大学和一批学科进入世界一流行列，若干学科进入世界一流学科前列；到2030年，更多的大学和学科进入世界一流行列，若干所大学进入世界一流大学前列，一批学科进入世界一流学科前列，高等教育整体实力显著提升；到本世纪中叶，一流大学和一流学科的数量和实力进入世界前列，基本建成高等教育强国。

第四条 加强总体规划，坚持扶优扶需扶特扶新，按照"一流大学"和"一流学科"两类布局建设高校，引导和支持具备较强实力的高校合理定位、办出特色、差别化发展，努力形成支撑国家长远发展的一流大学和一流学科体系。

第五条 坚持以学科为基础，支持建设一百个左右学科，着力打造学科领域高峰。支持一批接近或达到世界先进水平的学科，加强建设关系国家安全和重大利益的学科，鼓励新兴学科、交叉学科，布局一批国家急需、支撑产业转型升级和区域发展的学科，积极建设具有中国特色、中国风格、中国气派的哲学社会科学体系，着力解决经济社会中的重大战略问题，提升国家自主创新能力和核心竞争力。强化学科建设绩效考核，引领高校提高办学水平和综合实力。

第六条　每五年一个建设周期，2016 年开始新一轮建设。建设高校实行总量控制、开放竞争、动态调整。

第二章　遴选条件

第七条　一流大学建设高校应是经过长期重点建设、具有先进办学理念、办学实力强、社会认可度较高的高校，须拥有一定数量国内领先、国际前列的高水平学科，在改革创新和现代大学制度建设中成效显著。

一流学科建设高校应具有居于国内前列或国际前沿的高水平学科，学科水平在有影响力的第三方评价中进入前列，或者国家急需、具有重大的行业或区域影响、学科优势突出、具有不可替代性。

人才培养方面，坚持立德树人，培育和践行社会主义核心价值观，在拔尖创新人才培养模式、协同育人机制、创新创业教育方面成果显著；积极推进课程体系和教学内容改革，教学成果丰硕；资源配置、政策导向体现人才培养的核心地位；质量保障体系完善，有高质量的本科生教育和研究生教育；注重培养学生社会责任感、法治意识、创新精神和实践能力，人才培养质量得到社会高度认可。

科学研究方面，科研组织和科研机制健全，协同创新成效显著。基础研究处于科学前沿，原始创新能力较强，形成具有重要影响的新知识新理论；应用研究解决了国民经济中的重大关键性技术和工程问题，或实现了重大颠覆性技术创新；哲学社会科学研究为解决经济社会发展重大理论和现实问题提供了有效支撑。

社会服务方面，产学研深度融合，实现合作办学、合作育人、合作发展，科研成果转化绩效突出，形成具有中国特色和世界影响的新型高端智库，为国家和区域经济转型、产业升级和技术变革、服务国家安全和社会公共安全做出突出贡献，运用新知识新理论认识世界、传承文明、科学普及、资政育人和服务社会成效显著。

文化传承创新方面，传承弘扬中华优秀传统文化，推动社会主义先进文化建设成效显著；增强文化自信，具有较强的国际文化传播影响力；具有师生认同的优秀教风学风校风，具有广阔的文化视野和强大的文化创新能力，形成引领社会进步、特色鲜明的大学精神和大学文化。

师资队伍建设方面，教师队伍政治素质强，整体水平高，潜心教书育人，师德师风优良；一线教师普遍掌握先进的教学方法和技术，教学经验丰富，教学效果良好；有一批活跃在国际学术前沿的一流专家、学科领军人物和创新团队；教师结构合理，中青年教师成长环境良好，可持续发展后劲足。

国际交流合作方面，吸引海外优质师资、科研团队和学生能力强，与世界高水平大学学生交换、学分互认、联合培养成效显著，与世界高水平大学和学术机构有深度的学术交流与科研合作，深度参与国际或区域性重大科学计划、科学工程，参加国际标准和规则的制定，国际影响力较强。

第三章　遴选程序

第八条　坚持公平公正、开放竞争。采取认定方式确定一流大学、一流学科建设高校及建设学科。

第九条　设立世界一流大学和一流学科建设专家委员会，由政府有关部门、高校、科研机构、行业组织人员组成。专家委员会根据《总体方案》要求和本办法，以中国特色学科评价为主要依据，参考国际相关评价因素，综合高校办学条件、学科水平、办学质量、主要贡献、国际影响力等情况，以及高校主管部门意见，论证确定一流大学和一流学科建设高校的认定标准。

第十条　根据认定标准专家委员会遴选产生拟建设高校名单，并提出意见建议。教育部、财政部、发展改革委审议确定建议名单。

第十一条　列入拟建设名单的高校要根据自身实际，以改革为动力，结合学校综合改革方案和专家委员会咨询建议，确定建设思路，合理选择建设路径，自主确定学科建设口径和范围，科学编制整体建设方案、分学科建设方案（以下统称建设方案）。建设方案要以人才培养为核心，优化学科建设结构和布局，完善内部治理结构，形成调动各方积极参与的长效建设机制，以一流学科建设引领健全学科生态体系，带动学校整体发展。以 5 年为一周期，统筹安排建设和改革任务，综合考虑各渠道资金和相应的管理要求，设定合理、具体的分阶段建设目标和建设内容，细化具体的执行项目，提出系统的考核指标体系，避免平均用力或碎片化。高校须组织相关专家，结合经济社会发展需求和国家战略需要，对建设方案的科学性、可行性进行深入论证。

第十二条　论证通过的建设方案及专家论证报告，经高校报所属省级人民政府或主管部门审核通过后，报教育部、财政部、发展改革委。

第十三条　专家委员会对高校建设方案进行审核，提出意见。

第十四条　教育部、财政部、发展改革委根据专家委员会意见，研究确定一流大学、一流学科建设高校及建设学科，报国务院批准。

第四章　支持方式

第十五条　创新支持方式，强化精准支持，综合考虑建设高校基础、学科类别及发展水平等，给予相应支持。

第十六条　中央高校开展世界一流大学和一流学科建设所需经费由中央财政支持；中央预算内投资对中央高校学科建设相关基础设施给予支持。纳入世界一流大学和一流学科建设范围的地方高校，所需资金由地方财政统筹安排，中央财政予以引导支持。

有关部门深化高等教育领域简政放权改革，放管结合优化服务，在考试招生、人事制度、经费管理、学位授权、科研评价等方面切实落实建设高校自主权。

第十七条 地方政府和有关主管部门应通过多种方式，对世界一流大学和一流学科建设加大资金、政策、资源支持力度。建设高校要积极争取社会各方资源，形成多元支持的长效机制。

第十八条 建设高校完善经费使用管理方式，切实管好用好，提高使用效益。

第五章　动态管理

第十九条 加强过程管理，实施动态监测，及时跟踪指导。以学科为基础，制定科学合理的绩效评价办法，开展中期和期末评价，加大经费动态支持力度，形成激励约束机制，增强建设实效。

第二十条 建设中期，建设高校根据建设方案对建设情况进行自评，对改革的实施情况、建设目标和任务完成情况、学科水平、资金管理使用情况等进行分析，发布自评报告。专家委员会根据建设高校的建设方案和自评报告，参考有影响力的第三方评价，对建设成效进行评价，提出中期评价意见。根据中期评价结果，对实施有力、进展良好、成效明显的建设高校及建设学科，加大支持力度；对实施不力、进展缓慢、缺乏实效的建设高校及建设学科，提出警示并减小支持力度。

第二十一条 打破身份固化，建立建设高校及建设学科有进有出动态调整机制。建设过程中，对于出现重大问题、不再具备建设条件且经警示整改仍无改善的高校及建设学科，调整出建设范围。

第二十二条 建设期末，建设高校根据建设方案对建设情况进行整体自评，对改革的实施情况、建设目标和任务完成情况、学科水平、资金管理使用情况等进行全面分析，发布整体自评报告。专家委员会根据建设高校的建设方案及整体自评报告，参考有影响力的第三方评价，对建设成效进行评价，提出评价意见。根据期末评价结果等情况，重新确定下一轮建设范围。对于建设成效特别突出、国际影响力特别显著的少数建设高校及建设学科，在资金和政策上加大支持力度。

第六章　组织实施

第二十三条　教育部、财政部、发展改革委建立部际协调机制，负责规划部署、推进实施、监督管理等工作。

第二十四条　省级政府应结合经济社会发展需求和基础条件，统筹推动区域内有特色高水平大学和优势学科建设，积极探索不同类型高校的一流建设之路。

第二十五条　建设高校要全面加强党的领导和党的建设，坚持正确办学方向，深化综合改革，破除体制机制障碍，统筹学校整体建设和学科建设，加强组织保障，营造良好建设环境。

第二十六条　动员各方力量积极参与世界一流大学和一流学科建设，鼓励行业企业加强与高校合作，协同建设。省级政府、行业主管部门加大对建设高校的投入，强化跟踪指导，及时发现建设中存在的问题，提出改进的意见和建议。

第二十七条　坚持公开透明，建立信息公开网络平台，公布建设高校的建设方案及建设学科、绩效评价情况等，强化社会监督。

第七章　附则

第二十八条　本办法由教育部、财政部、发展改革委负责解释。

第二十九条　本办法自发布之日起实施。

附录 2　教育部 财政部 国家发展改革委印发《关于高等学校加快"双一流"建设的指导意见》的通知

教研〔2018〕5号

各省、自治区、直辖市教育厅（教委）、财政厅（局）、发展改革委，新疆生产建设兵团教育局、财务局、发展改革委，有关部门（单位）教育司（局），有关高等学校：

为贯彻落实党的十九大精神，加快"双一流"建设，根据国务院印发的《统筹推进世界一流大学和一流学科建设总体方案》和教育部、财政部、国家发展改革委联合印发的《统筹推进世界一流大学和一流学科建设实施办法（暂行）》，教育部、财政部、国家发展改革委制定了《关于高等学校加快"双一流"建设的指导意见》，现予以印发。

教育部　财政部　国家发展改革委

2018 年 8 月 8 日

关于高等学校加快"双一流"建设的指导意见

为深入贯彻落实党的十九大精神，加快一流大学和一流学科建设，实现高等教育内涵式发展，全面提高人才培养能力，提升我国高等教育整体水平，根据《统筹推进世界一流大学和一流学科建设总体方案》和《统筹推进世界一流大学和一流学科建设实施办法（暂行）》，制定本意见。

一、总体要求

（一）指导思想

以习近平新时代中国特色社会主义思想为指导，深入贯彻落实党的十九大精神，紧紧围绕统筹推进"五位一体"总体布局和协调推进"四个全面"战略布局，全面贯彻落实党的教育方针，以中国特色世界一流为核心，以高等教育内涵式发展为主线，落实立德树人根本任务，紧紧抓住坚持办学正确政治方向、建设高素质教师队伍和形成高水平人才培养体系三项基础性工作，以体制机制创新为着力点，全面加强党的领导，调动各种积极因素，在深化改革、服务需求、开放合作中加快发展，努力建成一批中国特色社会主义标杆大学，确保实现"双一流"建设总体方案确定的战略目标。

（二）基本原则

坚持特色一流。扎根中国大地，服务国家重大战略需求，传承创新优秀文化，积极主动融入改革开放、现代化建设和民族复兴伟大进程，体现优势特色，提升发展水平，办人民满意的教育。瞄准世界一流，吸收世界上先进的办学治学经验，遵循教育教学规律，积极参与国际合作交流，有效扩大国际影响，实现跨越发展、超越引领。

坚持内涵发展。创新办学理念，转变发展模式，以多层次多类型一流人才培养为根本，以学科为基础，更加注重结构布局优化协调，更加注重人才培养模式创新，更加注重资源的有效集成和配置，统筹近期目标与长远规划，实现以质量为核心的可持续发展。

坚持改革驱动。全面深化改革，注重体制机制创新，充分激发各类人才积极性主动性创造性和高校内生动力，加快构建充满活力、富有效率、更加开放、动态竞争的体制机制。

坚持高校主体。明确高校主体责任，对接需求，统筹学校整体建设和学科建设，主动作为，充分发掘集聚各方面积极因素，加强多方协同，确保各项建设与改革任务落地见效。

二、落实根本任务，培养社会主义建设者和接班人

（三）坚持中国特色社会主义办学方向

建设中国特色世界一流大学必须坚持办学正确政治方向。坚持和加强党的全面领导，牢固树立"四个意识"，坚定"四个自信"，把"四个自信"转化为办好中国特色世界一流大学的自信和动力。践行"四个服务"，立足中国实践、解决中国问题，为国家发展、人民福祉做贡献。高校党委要把政治建设摆在首位，深入实施基层党建质量提升攻坚行动，全面推进高校党组织"对标争先"建设计划和教师党支部书记"双带头人"培育工程，加强教师党支部、学生党支部建设，巩固马克思主义在高校意识形态领域的指导地位，切实履行好管党治党、办学治校主体责任。

（四）引导学生成长成才

育人为本，德育为先，着力培养一大批德智体美全面发展的社会主义建设者和接班人。深入研究学生的新特点新变化新需求，大力加强理想信念教育和国情教育，抓好马克思主义理论教育，践行社会主义核心价值观，坚持不懈推进习近平新时代中国特色社会主义思想进教材、进课堂、进学生头脑，使党的创新理论全面融入高校思想政治工作。深入实施高校思想政治工作质量提升工程，深化"三全育人"综合改革，实现全员全过程全方位育人；实施普通高校思想政治理论课建设体系创新计划，大力推动以"思政课＋课程思政"为目标的课堂教学改革，使各类课程、资源、力量与思想政治理论课

同向同行，形成协同效应。发挥哲学社会科学育人优势，加强人文关怀和心理引导。实施高校体育固本工程和美育提升工程，提高学生体质健康水平和艺术审美素养。鼓励学生参与教学改革和创新实践，改革学习评价制度，激励学生自主学习、奋发学习、全面发展。做好学生就业创业工作，鼓励学生到基层一线发光发热，在服务国家发展战略中大显身手。

（五）形成高水平人才培养体系

把立德树人的成效作为检验学校一切工作的根本标准，一体化构建课程、科研、实践、文化、网络、心理、管理、服务、资助、组织等育人体系，把思想政治工作贯穿教育教学全过程、贯通人才培养全体系。突出特色优势，完善切合办学定位、互相支撑发展的学科体系，充分发挥学科育人功能；突出质量水平，建立知识结构完备、方式方法先进的教学体系，推动信息技术、智能技术与教育教学深度融合，构建"互联网+"条件下的人才培养新模式，推进信息化实践教学，充分利用现代信息技术实现优质教学资源开放共享，全面提升师生信息素养；突出价值导向，建立思想性、科学性和时代性相统一的教材体系，加快建设教材建设研究基地，把教材建设作为学科建设的重要内容和考核指标，完善教材编写审查、遴选使用、质量监控和评价机制，建立优秀教材编写激励保障机制，努力编写出版具有世界影响的一流教材；突出服务效能，创新以人为本、责权明确的管理体系；健全分流退出机制和学生权益保护制度，完善有利于激励学习、公平公正的学生奖助体系。

（六）培养拔尖创新人才

深化教育教学改革，提高人才培养质量。率先确立建成一流本科教育目标，强化本科教育基础地位，把一流本科教育建设作为"双一流"建设的基础任务，加快实施"六卓越一拔尖"人才培养计划2.0，建成一批一流本科专业；深化研究生教育综合改革，进一步明确不同学位层次的培养要求，改革培养方式，加快建立科教融合、产学结合的研究生培养机制，着力改进研究生培养体系，提升研究生创新能力。深化和扩大专业学位教育改革，强化研究生实践能力，培养高层次应用型人才。大力培养高精尖急缺人才，多方集成教育资源，制定跨学科人才培养方案，探索建立政治过硬、行业急需、能力突出的高层次复合型人才培养新机制。推进课程改革，加强不同培养阶段课程和教学的一体化设计，坚持因材施教、循序渐进、教学相长，将创新创业能力和实践能力培养融入课程体系。

三、全面深化改革，探索一流大学建设之路

（七）增强服务重大战略需求能力

需求是推动建设的源动力。加强对各类需求的针对性研究、科学性预测和系统性把握，主动对接国家和区域重大战略，加强各类教育形式、各类专项计划统筹管理，优化学科专业结构，完善以社会需求和学术贡献为导向的学科专业动态调整机制。推进高层次人才供给侧结构性改革，优化不同层次学生的培养结构，适应需求调整培养规模与培养目标，适度扩大博士研究生规模，加快发展博士专业学位研究生教育；加强国家战略、国家安全、国际组织等相关急需学科专业人才的培养，超前培养和储备哲学社会科学特别是马克思主义理论、传承中华优秀传统文化等相关人才。进一步完善以提高招生选拔质量为核心、科学公正的研究生招生选拔机制。建立面向服务需求的资源集成调配机制，充分发挥各类资源的集聚效应和放大效应。

（八）优化学科布局

构建协调可持续发展的学科体系。立足学校办学定位和学科发展规律，

打破传统学科之间的壁垒，以"双一流"建设学科为核心，以优势特色学科为主体，以相关学科为支撑，整合相关传统学科资源，促进基础学科、应用学科交叉融合，在前沿和交叉学科领域培植新的学科生长点。与国家和区域发展战略需求紧密衔接，加快建设对接区域传统优势产业，以及先进制造、生态环保等战略型新兴产业发展的学科。加强马克思主义学科建设，加快完善具有支撑作用的学科，突出优势、拓展领域、补齐短板，努力构建全方位、全领域、全要素的中国特色哲学社会科学体系。优化学术学位和专业学位类别授权点布局，处理好交叉学科与传统学科的关系，完善学科新增与退出机制，学科的调整或撤销不应违背学校和学科发展规律，力戒盲目跟风简单化。

（九）建设高素质教师队伍

人才培养，关键在教师。加强师德师风建设，严把选聘考核晋升思想政治素质关，将师德师风作为评价教师队伍素质的第一标准，打造有理想信念、道德情操、扎实学识、仁爱之心的教师队伍，建成师德师风高地。坚持引育并举、以育为主，建立健全青年人才蓬勃生长的机制，精准引进活跃于国际学术前沿的海外高层次人才，坚决杜绝片面抢挖"帽子"人才等短期行为。改革编制及岗位管理制度，突出教学一线需求，加大教师教学岗位激励力度。建立建强校级教师发展中心，提升教师教学能力，促进高校教师职业发展，加强职前培养、入职培训和在职研修，完善访问学者制度，探索建立专任教师学术休假制度，支持高校教师参加国际化培训项目、国际交流和科研合作。支持高校教师参与基础教育教学改革、教材建设等工作。深入推进高校教师职称评审制度、考核评价制度改革，建立健全教授为本科生上课制度，不唯头衔、资历、论文作为评价依据，突出学术贡献和影响力，激发教师积极性和创造性。

（十）提升科学研究水平

突出一流科研对一流大学建设的支撑作用。充分发挥高校基础研究主力军作用，实施高等学校基础研究珠峰计划，建设一批前沿科学中心，牵头或参与国家科技创新基地、国家重大科技基础设施、哲学社会科学平台建设，促进基础研究和应用研究融通创新、全面发展、重点突破。加强协同创新，发挥高校、科研院所、企业等主体在人才、资本、市场、管理等方面的优势，加大技术创新、成果转化和技术转移力度；围绕关键核心技术和前沿共性问题，完善成果转化管理体系和运营机制，探索建立专业化技术转移机构及新型研发机构，促进创新链和产业链精准对接。主动融入区域发展、军民融合体系，推进军民科技成果双向转移转化，提升对地方经济社会和国防建设的贡献度。推进中国特色哲学社会科学发展，从我国改革发展的实践中挖掘新材料、发现新问题、提出新观点、构建新理论，打造高水平的新型高端智库。探索以代表性成果和原创性贡献为主要内容的科研评价，完善同行专家评价机制。

（十一）深化国际合作交流

大力推进高水平实质性国际合作交流，成为世界高等教育改革的参与者、推动者和引领者。加强与国外高水平大学、顶尖科研机构的实质性学术交流与科研合作，建立国际合作联合实验室、研究中心等；推动中外优质教育模式互学互鉴，以我为主创新联合办学体制机制，加大校际访问学者和学生交流互换力度。以"一带一路"倡议为引领，加大双语种或多语种复合型国际化专业人才培养力度。进一步完善国际学生招收、培养、管理、服务的制度体系，不断优化生源结构，提高生源质量。积极参与共建"一带一路"教育行动和中外人文交流项目，在推进孔子学院建设中，进一步发挥建设高校的主体作用。选派优秀学生、青年教师、学术带头人等赴国外高水平大学、机构访学交流，积极推动优秀研究生公派留学，加大高校优秀毕业生到国际组织实习任职的支持力度，积极推荐高校优秀人才在国际组织、学术机构、国际期刊任职兼职。

（十二）加强大学文化建设

培育理念先进、特色鲜明、中国智慧的大学文化，成为大学生命力、竞争力重要源泉。立足办学传统和现实定位，以社会主义核心价值观为引领，推动中华优秀教育文化的创造性转化和创新性发展，构建具有时代精神、风格鲜明的中国特色大学文化。加强校风教风学风和学术道德建设，深入开展高雅艺术进校园、大学生艺术展演、中华优秀传统文化传承基地建设，营造全方位育人文化。塑造追求卓越、鼓励创新的文化品格，弘扬勇于开拓、求真务实的学术精神，形成中外互鉴、开放包容的文化气质。坚定对发展知识、追求真理、造福人类的责任感使命感，在对口支援、精准扶贫、合建共建等行动中，勇于担当、主动作为，发挥带动作用。传播科学理性与人文情怀，承担引领时代风气和社会未来、促进人类社会发展进步的使命。

（十三）完善中国特色现代大学制度

以制度建设保障高校整体提升。坚持和完善党委领导下的校长负责制，健全完善各项规章制度，贯彻落实大学章程，规范高校内部治理体系，推进管理重心下移，强化依法治校；创新基层教学科研组织和学术管理模式，完善学术治理体系，保障教学、学术委员会在人才培养和学术事务中有效发挥作用；建立和完善学校理事会制度，进一步完善社会支持和参与学校发展的组织形式和制度平台。充分利用云计算、大数据、人工智能等新技术，构建全方位、全过程、全天候的数字校园支撑体系，提升教育教学管理能力。

四、强化内涵建设，打造一流学科高峰

（十四）明确学科建设内涵

学科建设要明确学术方向和回应社会需求，坚持人才培养、学术团队、科研创新"三位一体"。围绕国家战略需求和国际学术前沿，遵循学科发展规律，找准特色优势，着力凝练学科方向、增强问题意识、汇聚高水平人才队伍、搭建学科发展平台，重点建设一批一流学科。以一流学科为引领，辐射带动学科整体水平提升，形成重点明确、层次清晰、结构协调、互为支撑的学科体系，支持大学建设水平整体提升。

（十五）突出学科优势与特色

学科建设的重点在于尊重规律、构建体系、强化优势、突出特色。国内领先、国际前沿高水平的学科，加快培育国际领军人才和团队，实现重大突破，抢占未来制高点，率先冲击和引领世界一流；国内前列、有一定国际影响力的学科，围绕主干领域方向，强化特色，扩大优势，打造新的学科高峰，加快进入世界一流行列。在中国特色的领域、方向，立足解决重大理论、实践问题，积极打造具有中国特色中国风格中国气派的一流学科和一流教材，加快构建中国特色哲学社会科学学科体系、学术体系、话语体系、教材体系，不断提升国际影响力和话语权。

（十六）拓展学科育人功能

以学科建设为载体，加强科研实践和创新创业教育，培养一流人才。强化科研育人，结合国家重点、重大科技计划任务，建立科教融合、相互促进的协同培养机制，促进知识学习与科学研究、能力培养的有机结合。学科建设要以人才培养为中心，支撑引领专业建设，推进实践育人，积极构建面向

实践、突出应用的实践实习教学体系，拓展实践实习基地的数量、类型和层次，完善实践实习的质量监控与评价机制。加强创新创业教育，促进专业教育与创新创业教育有机融合，探索跨院系、跨学科、跨专业交叉培养创新创业人才机制，依托大学科技园、协同创新中心和工程研究中心等，搭建创新创业平台，鼓励师生共同开展高质量创新创业。

（十七）打造高水平学科团队和梯队

汇聚拔尖人才，激发团队活力。完善开放灵活的人才培育、吸引和使用机制，着眼长远，构建以学科带头人为领军、以杰出人才为骨干、以优秀青年人才为支撑、衔接有序、结构合理的人才团队和梯队，注重培养团队精神，加强团队合作。充分发挥学科带头人凝练方向、引领发展的重要作用，既看重学术造诣，也看重道德品质，既注重前沿方向把握，也关注组织能力建设，保障学科带头人的人财物支配权。加大对青年教师教学科研的稳定支持力度，着力把中青年学术骨干推向国际学术前沿和国家战略前沿，承担重大项目、参与重大任务，加强博士后等青年骨干力量培养；建立稳定的高水平实验技术、工程技术、实践指导和管理服务人才队伍，重视和培养学生作为科研生力军。以解决重大科研问题与合作机制为重点，对科研团队实行整体性评价，形成与贡献匹配的评价激励体系。

（十八）增强学科创新能力

学术探索与服务国家需求紧密融合，着力提高关键领域原始创新、自主创新能力和建设性社会影响。围绕国家和区域发展战略，凝练提出学科重大发展问题，加强对关键共性技术、前沿引领技术、现代工程技术、颠覆性技术、重大理论和实践问题的有组织攻关创新，实现前瞻性基础研究、引领性原创成果和建设性社会影响的重大突破。加强重大科技项目的培育和组织，积极承担国家重点、重大科技计划任务，在国家和地方重大科技攻关项目中发挥积极作用。积极参与、牵头国际大科学计划和大科学工程，研究和解决全球性、区域性重大问题，在更多前沿领域引领科学方向。

（十九）创新学科组织模式

聚焦建设学科，加强学科协同交叉融合。整合各类资源，加大对原创性、系统性、引领性研究的支持。围绕重大项目和重大研究问题组建学科群，主干学科引领发展方向，发挥凝聚辐射作用，各学科紧密联系、协同创新，避免简单地"搞平衡、铺摊子、拉郎配"。瞄准国家重大战略和学科前沿发展方向，以服务需求为目标，以问题为导向，以科研联合攻关为牵引，以创新人才培养模式为重点，依托科技创新平台、研究中心等，整合多学科人才团队资源，着重围绕大物理科学、大社会科学为代表的基础学科，生命科学为代表的前沿学科，信息科学为代表的应用学科，组建交叉学科，促进哲学社会科学、自然科学、工程技术之间的交叉融合。鼓励组建学科联盟，搭建国际交流平台，发挥引领带动作用。

五、加强协同，形成"双一流"建设合力

（二十）健全高校"双一流"建设管理制度

明确并落实高校在"双一流"建设中的主体责任，增强建设的责任感和使命感。充分发挥高校党委在"双一流"建设全程的领导核心作用，推动重大安排部署的科学决策、民主决策和依法决策，确保"双一流"建设方案全面落地。健全高校"双一流"建设管理机构，创新管理体制与运行机制，完善部门分工负责、全员协同参与的责任体系，建立内部监测评价制度，按年度发布建设进展报告，加强督导考核，避免简单化层层分解、机械分派任务指标。

（二十一）增强高校改革创新自觉性

改革创新是高校持续发展的不竭动力。建设高校要积极主动深化改革，发挥教育改革排头兵的引领示范作用，以改革增添动力，以创新彰显特色。全面深化高校综合改革，着力加大思想政治教育、人才培养模式、人事制度、科研体制机制、资源募集调配机制等关键领域环节的改革力度，重点突破，探索形成符合教育规律、可复制可推广的经验做法。增强高校外部体制机制改革协同与政策协调，加快形成高校改革创新成效评价机制，完善社会参与改革、支持改革的合作机制，促进优质资源共享，为高校创新驱动发展营造良好的外部环境。

（二十二）加大地方区域统筹

将"双一流"建设纳入区域重大战略，结合区域内科创中心建设等重大工程、重大计划，主动明确对高校提出需求，形成"双一流"建设与其他重大工程互相支撑、协同推进的格局，更好服务地方经济社会发展。地方政府通过多种方式，对建设高校在资金、政策、资源等方面给予支持。切实落实"放管服"要求，积极推动本地区高水平大学和优势特色学科建设，引导"双一流"建设高校和本地区高水平大学相互促进、共同发展，构建协调发展、有序衔接的建设体系。

（二十三）加强引导指导督导

强化政策支持和资金投入引导。适度扩大高校自主设置学科权限，完善多元化研究生招生选拔机制，适度提高优秀应届本科毕业生直接攻读博士学位的比例。建立健全高等教育招生计划动态调整机制，实施国家急需学科高层次人才培养支持计划，探索研究生招生计划与国家重大科研任务、重点科技创新基地等相衔接的新路径。继续做好经费保障工作，全面实施预算绩效管理，建立符合高等教育规律和管理需要的绩效管理机制，增强建设高校资金统筹权，在现有财政拨款制度基础上完善研究生教育投入机制。建设高校要建立多元筹资机制，统筹自主资金和其他可由高校按规定自主使用的资金等，共同支持"双一流"建设。完善政府、社会、高校相结合的共建机制，形成多元化投入、合力支持的格局。

强化建设过程的指导督导。履行政府部门指导职责，充分发挥"双一流"建设专家委员会咨询作用，支持学科评议组、教育教学指导委员会、教育部科学技术委员会等各类专家组织开展建设评价、诊断、督导，促进学科发展和学校建设。推进"双一流"建设督导制度化常态化长效化。按建设周期跟踪评估建设进展情况，建设期末对建设成效进行整体评价。根据建设进展和评价情况，动态调整支持力度和建设范围。推动地方落实对"双一流"建设的政策支持和资源投入。

（二十四）完善评价和建设协调机制

坚持多元综合性评价。以立德树人成效作为根本标准，探索建立中国特色"双一流"建设的综合评价体系，以人才培养、创新能力、服务贡献和影响力为核心要素，把一流本科教育作为重要内容，定性和定量、主观和客观相结合，学科专业建设与学校整体建设评价并行，重点考察建设效果与总体方案的符合度、建设方案主要目标的达成度、建设高校及其学科专业在第三方评价中的表现度。鼓励第三方独立开展建设过程及建设成效的监测评价。积极探索中国特色现代高等教育评估制度。

健全协调机制。建立健全"双一流"建设部际协调工作机制，创新省部共建合建机制，统筹推进"双一流"建设与地方高水平大学建设，实现政策协同、分工协同、落实协同、效果协同。

附录3　北京体育大学一流学科建设方案

学校高举中国特色社会主义伟大旗帜，以习近平新时代中国特色社会主义思想为指导，深入贯彻党的十九大精神，全面落实党的教育方针和体育方针，坚持社会主义办学方向，按照《国家教育事业发展"十三五"规划》《统筹推进世界一流大学和一流学科建设总体方案》《统筹推进世界一流大学和一流学科建设实施办法（暂行）》要求，在充分调研和论证的基础上，研究制定本建设方案。

一、建设目标

（一）学校发展定位与目标

学校的办学定位是：以建设综合性、高水平、有特色的世界一流体育大学为核心目标，坚持世界眼光、国际标准、中国特色、高点定位，坚持内涵发展、特色发展、协同发展、创新发展，建设以体育学为核心，教育学、心理学、临床医学、马克思主义理论等多学科交叉融合、协同发展的学科体系，着力培养又红又专、德才兼备、全面发展、具有家国情怀和社会责任感的体育及其他领域领军人才，着力探索中国特色、世界一流的高等体育教育发展新模式、新路径，为体育强国和高等教育强国建设以及全面建成小康社会提供高端智力支持和人才保障。

学校总体战略目标是：建设综合性、高水平、有特色的世界一流体育大学，具体分为"三步走"：

第一步（到2020年）：坚持重点突破，体育学部分学科方向达到世界一流水平，使学校以体育为核心的办学特色更加彰显，基本达到世界一流体育大学水平。

第二步（到2035年）：坚持整体提升，建成具备世界一流水平的体育学科群，带动学校整体办学在"有特色"的基础上实现"高水平"，进入世界一流体育大学行列。

第三步（到2050年）：增强综合实力，建成以体育学为龙头、以多学科为支撑的综合性学科布局，全面提升学校综合办学实力，跻身世界一流体育大学前列。

（二）一流学科口径与方向

一流学科口径：以体育学一级学科为龙头，以教育学、心理学、临床医学、马克思主义理论等一级学科为支撑的交叉学科群。

按照"四个面向"的基本原则，即面向奥林匹克运动发展、面向健康中国建设、面向国际学科前沿、面向体育文化传承创新，确定四个主要学科方向：

1. 运动训练理论创新与实践；

2. 运动促进健康的理论与实践；

3. 体育改革发展战略及体教融合研究；

4. 体育文化的传承创新与国际传播。

（三）学科群建设目标

1. 近期目标（到2020年）：教育学门类3个一级学科整体水平显著提升，体育学一级学科特色和优势更加突出；临床医学以运动医学、康复医学理疗学为核心的学科特色更加凸显。体育学与相关一级学科实现深度交叉融合，不断提升学科学术水平，基本建成世界一流体育学科。

2. 中期目标（到 2035 年）：在彰显特色基础上，全面提升各一级学科建设水平，体育学科重要可比指标达到世界一流，心理学、临床医学部分学科方向达到世界领先水平。体育学科群成为高度融合、协同发展的有机整体，产生一批具有国际影响的标志性成果和领军型人才，建成一批享有国际声誉的学科平台、创新基地和智库，建成世界一流体育学科群。

3. 远期目标（到 2050 年）：进一步提升学科群的综合实力，各学科整体水平达到世界一流，显著提升服务国家战略能力和参与国际对话与国际竞争能力，形成世界体育学科建设领域中的"北体学派"，并在世界范围内获得理念认同、价值认同、模式认同，引领世界体育学科建设发展，全面建成中国特色、世界一流的体育大学。

二、建设基础

（一）强化学科建设龙头地位，学科高峰初步显现

一是形成了特色学科体系。建立了以体育学为核心，以法学、教育学、文学、理学、医学、管理学、艺术学等 7 个门类相关学科专业为支撑的学科专业总体布局。二是建成了体育学科高峰。学校是全国唯一一所拥有体育学一级学科国家重点学科的高等院校，学校体育学科整体实力在三次全国学科评估中均排名第一。在教育部第四轮学科评估中，体育学一级学科入围 A+等级。三是带动了一批优势学科。人体科学、运动医学、心理学等学科在全国均处于领先地位，通过学科之间的交叉融合，部分学科方向具备了世界先进水平。

（二）坚持人才培养中心地位，各类优秀人才辈出

学校始终牢固树立人才培养的中心地位，全面加强教育教学工作，不断提高人才培养质量。全面实施质量工程，涌现出《运动现代技术，优化乒乓

教学》国家级教学成果特等奖等一大批高水平教学成果，建成《运动训练学》等一批国家级精品课程，编写出《运动心理学》等一批国家级精品教材，培养出世界大学生体育联合会主席阿列格等一批国际体育组织负责人和国家发明奖获得者、国家级教学名师、奥运冠军、金牌教练、国际裁判等中国体育、教育、科技领域的领军人物，成为了我国世界冠军的摇篮、高层次体育人才和各类创新人才的培养基地。

（三）突出科学研究先导作用，重大成果引领发展

学校坚持科研兴校，面向经济社会发展和体育事业发展的重大需求，解决重大问题的能力不断提高。一是形成了一批贡献卓越的科技攻关团队。学校承担了国家科技攻关计划专项"奥运优秀运动员科学选材研究"等重大任务，在近3届奥运会上为30多支国家队的备战和60余枚金牌的取得提供高水平科技服务。二是产生了一批具有重要价值的学术成果。中国体育发展方式改革研究成果入选《国家哲学社会科学成果文库》，填补了体育学科空白。持续主持运动健身领域国家科技支撑计划项目，成果转化为《国家体育锻炼标准》《国家学生体质健康标准》，在全国实施。三是建成了一批高端研究平台。建有"运动人体科学与运动训练创新"学科创新引智基地、运动与体质健康教育部重点实验室、国家级实验教学示范中心等创新平台14个。近年来，学校科研立项和获奖在全国体育院校中处于领先水平，是我国体育科技创新的重要支撑力量。

（四）明确教师队伍主体地位，领军人物不断涌现

学校坚持人才强校战略，以建设高水平、国际化教师队伍为目标，通过完善多层次的培养体系，师资队伍水平稳步提高。学校汇聚了百千万人才工程国家级人选、全国杰出专业技术人才、全国优秀教师等学科领军人物，培

养了一批入选教育部"新世纪优秀人才支持计划"、国家体育总局"优秀中青年专业技术人才百人计划"的中青年骨干，形成了结构较为合理的人才梯队。田径奥运冠军王丽萍、羽毛球奥运冠军高凌、网球奥运冠军李婷、举重奥运冠军张湘祥等一批奥运冠军、世界冠军在一线执教。学校还有 20 名教师在国际学术组织、国际体育组织任职，有 50 多名教师担任足球、跆拳道、乒乓球等 10 多个运动项目国际裁判，在奥林匹克运动主战场和国际舞台展示中国形象，发出中国声音。

（五）全面推进国际合作交流，国际化水平稳步提升

学校坚持把国际化作为建设世界一流体育大学的必由之路，不断提升国际化办学水平。一是国际合作规模和层次不断提高。学校与 45 个国家和地区的 118 所高等院校建立了友好合作关系。每年聘请外国专家 100 余人次来校讲学或开展合作科研。二是形成人才培养国际化品牌项目。"研究生冠军班"出国留学项目纳入"中美人文交流高层次磋商机制"，本科生留学获得国家留学基金委"优秀本科生国际交流项目资助"。已为 106 个国家和地区培养留学生 15000 余人。三是对外交流窗口作用更加凸显。与德国、芬兰等国家在足球、冰雪、体育科技创新等领域开展了深入务实合作，成立了"汉语国际推广武术师资培训基地"，与挪威卑尔根大学、芬兰拉普兰大学合作建立孔子学院，成为了体育领域对外交流的主力军。

三、建设内容

（一）培养拔尖创新人才

1. 构建高点定位、特色鲜明的人才培养体系

坚持以立德树人为根本，把社会主义核心价值观的要求和实现民族复兴

的理想与责任融入人才培养全过程。坚持价值取向正确化、培养层次多样化、培养水平高端化，精准回应国家需求，进一步明确卓越体育人才培养方向，分类设计拔尖创新人才培养模式。面向学科发展，着力培养具有创新精神的学术型人才、实践能力突出的应用型人才和具有国际一流水平的竞技体育精英人才。

2. 完善衔接有效、分类灵活的贯通培养模式

根据各类人才培养需要，有效衔接不同培养层次和阶段，实现人才培养的贯通化。建立从基础教育、中等教育到高等教育无缝衔接的贯通制竞技体育人才培养体系。坚持创新人才重点培育，建立本、硕、博一体化学术型人才培养模式和本、硕一体化应用型人才培养模式。

3. 发挥多学科、多平台的协同育人作用

实施校内融合培养，围绕学科群建设的重点方向，设立"体育＋"学科专业，发挥各学科综合优势，培养高端复合型人才。实施校际协同培养，推动与各个高校之间的课程互选、学分互认、教师互派，整合优质教学资源，提升人才培养质量。实施社会协同培养，重点设计训练竞赛、科研创新、职业实践基地三类平台体系，为学生更多参与创新训练与创业实践创造条件。

4. 建立多层次、多形式的国际合作培养机制

探索开展中外合作办学，面向国家体育发展亟需的高端人才培养需要，重点在足球运动、冰雪运动、运动医学等领域与国外一流大学合作设立办学项目。深入开展国际联合培养，依托学校国际化办学平台，建立从本科生到研究生的全方位合作培养机制，推进与世界一流大学的学分互认、学位互授，全面提高人才培养的国际化水平。

（二）提升科技创新水平

1. 面向重点研究领域，建设高端平台

以学科群建设为牵引，完善基础科研平台布局，构建重点研究基地、实验室、智库三位一体的基础科研平台格局。以打造国家级科研平台和智库平台为目标，重点建设中国运动与健康研究院、中国体育政策研究院、中国体育大数据中心等高水平科研平台和跨学科研究中心。争取建成"运动与健康"国家重点实验室或工程中心，新增"青少年体质健康"等省部级研究基地或智库。联合"一带一路"沿线国家及相关国家组建冰雪运动"一带一路"联合实验室并办出特色，争取建成国家或教育部国际合作实验室，使之成为聚集国际创新资源的重要平台。

2. 回应国家战略需求，优化科研布局

调整科研总体布局，充分发挥体育学科群在运动训练理论与实践创新、运动促进健康的理论与实践、体育文化传承创新与传播、体育教育改革等方面的研究优势，遴选一批重点方向和项目进行重点突破，积极承担国家重大科研任务。培育新的科研增长点，根据经济社会发展需求，布局体育与经济学科、工程学科、信息学科等相关学科融合发展的新兴领域。坚持基础、应用、对策研究协调发展。夯实基础研究，推进应用研究，加强对策研究。

3. 集聚科技拔尖人才，打造创新团队

通过引进一批、培养一批、储备一批的方式，集聚优秀体育科技人才。实施"创新团队培育计划"，以重大任务为核心，以"重大任务＋创新团队＋科研平台"的模式，围绕学科群主攻方向培育一批跨学科、跨学院，冲击国际一流，具有高度竞争力的国家级创新团队。重点组建奥运科技攻关团队、科学健身指导团队两类团队。

4.培育重大创新成果，促进成果转化

推进"科教协同育人"，支持科研人员开设本学科领域学术前沿课程，推动最新科研成果进课堂，实现科研与人才培养深层互动。推进成果转化为政策，畅通专家政策建议报送渠道，每年定期策划并遴选一批有重要对策应用价值的专家咨询报告。推进成果向产业转化，设立"成果转化培育基金"，对具有良好市场转化前景的应用研究择优进行培育。建立"体育科技产业园"，搭建产学研成果转化平台，提升产业孵化能力，促进科技创新成果转化为现实生产力。

（三）建设一流师资队伍

1.瞄准世界一流水平，引进领军人才

坚持"四个结合"，布局高端人才的引进和培育，即与实施国家教育、体育、科技和人才规划结合，与国家重大科研和工程项目结合，与创新平台和创新基地建设结合，与重点学科、重点实验室和新兴交叉学科建设结合。坚持引进和培养并重，设立高层次人才培养和引进专项经费，争取引进和培养两院院士、长江学者、"千人计划"专家等高层次人才，为一流学科建设提供人才支撑。

2.立足于可持续发展，建立人才梯队

实施"双一流人才支持"计划，选拔和培养一批学术技术带头人，引领本学科在前沿领域达到国际先进水平；选拔和培养一批已经具有一定声誉和影响力的中青年学术技术带头人后备人选；选拔和培养一批具有较大发展潜力的青年骨干人才，通过择优选拔、滚动培养的方式，形成可持续发展的人才梯队。设立"客座教授"和"客座研究员"岗位，采用年薪制或月薪制，加大引进外籍教师及海外人才力度，招聘引进一批国内外知名学者、著名教练员等，带动教师队伍整体水平的提升。

3.改善教师队伍结构，提高整体水平

优化学缘结构，实现教师来源多元化。在优化学历结构上下功夫，学科青年教师原则上必须攻读博士学位，术科青年教师必须具有硕士学位。在优化知识结构上下功夫，建立多类型、多层次的教师培养培训体系，实现人才的分层、分类培养。实施教师海外研修计划，鼓励和支持优秀学术骨干赴海内外一流大学或研究机构研修，推动教师理念创新和能力提升。

4.建立师德长效机制，培养"四有"教师

把师德建设摆在教师队伍建设的首位，建立健全师德建设长效机制。成立教师工作部，统筹加强教师思想政治工作。创新师德教育，将师德教育作为优秀教师团队培养、骨干教师、学科带头人和学科领军人物培育的重要内容。加强师德宣传，把培育良好师德师风作为校园文化建设的核心内容。健全师德考核，完善师德考核办法，把政治条件和师德表现作为教师选聘、考核和奖惩的首要标准，严格执行师德一票否决制。

（四）深化国际交流合作

1.完善国际合作布局，建设全球合作网络

完善国际合作布局，在拓展国际合作院校的同时，精选战略合作伙伴，实施高起点的中外联合培养、联合办学、国际实践、合作科研等项目，构建各学科务实合作的全球合作网络。推进学校、学科和教师三个层面的合作。

2.搭建国际合作平台，建立长效合作机制

发挥学科优势，牵头搭建国际合作平台。与国际体育组织建立战略合作伙伴关系，开展双边、多边与区域性教育科研国际合作，牵头组建中国—中东欧体育联盟。完善孔子学院办学体系，在重点办好卑尔根孔子学院的基础上，力争实现孔子学院在北欧国家的全覆盖。进一步加强"汉语国际推广武术师资培训基地"建设，强化特色，形成优质品牌。

3. 统筹全球优质资源，提高国际化办学水平

实施优秀研究生海外教育计划、研究生海外研修与学术交流项目、联合培养博士研究生等项目，推进人才培养国际化。建好中芬体育创新研究院、冰雪运动"一带一路"联合实验室，推进科学研究国际化。与国家外专局合作，设立"中国奥林匹克引智中心"，加速推进奥林匹克研究、运动训练等领域高端人才的引进。鼓励教师在高水平国际学术或行业组织任职，担任国际期刊编委，推进师资队伍国际化。加强留学生教育，进一步贯彻落实教育部《留学中国计划》，提升留学生培养水平。设立"一带一路"体育人才奖学金。

（五）传承创新优秀文化

1. 形成"北体风格"一流大学文化

加强思想文化引领，把社会主义核心价值观体现到办学育人全过程。实施校园文化塑造工程，形成以"追求卓越"为内核的一流大学精神与文化，增强师生的价值认同、使命认同和情感认同。充分发挥基层党组织、学科组织、各类群团组织等在文化建设中的作用。推进价值规范和行为规范建设，以优良党风促校风带教风正学风。

2. 弘扬"北体学派"优秀体育文化

发挥大学作为文化传承创新的主阵地作用，发挥学科优势，加强对中华体育精神和中国优秀传统文化的研究，在学科体系、学术体系和话语体系方面体现中国特色、中国风格、中国气派；强化文化辐射功能，将优秀体育文化成果创造性地转化、发展为民族精神和时代精神。以武术为重点，通过孔子学院等平台，加强中国体育文化精粹的海外传播，用体育讲好中国故事，为中华文化软实力提升作出贡献。

四、预期成效

到 2020 年，通过体育学科群的特色发展和水平提升有效带动学校的整体建设发展。预期成效具体如下：

（一）人才培养

实现研究生与本科生比例、留学生占在校生比例、具有境外学习经历的学生比例的调整与提升；新建一批校外人才培养基地；实现"冠军班"世界冠军、金牌教练数量的提升；自主培养一批世界冠军、亚洲冠军、全国冠军，建成高端化、贯通化、协同化、国际化的人才培养体系。

（二）科学研究

创建国家实验室、工程中心和智库；增设国际合作科研平台；培育奥运科技攻关团队；提升国家级重大项目、奖励的质与量；新增 1 个 SCI 或 SSCI 来源刊，科技创新能力不断加强。

（三）师资队伍

建成一支信仰坚定、能力突出、结构合理的师资队伍。汇聚领军人才与团队，引进两院院士、长江学者、千人计划专家等国家级重大人才项目入选者，实现高层次人才数量和质量显著提升。

（四）国际合作

完善国际合作布局和体系，继续扩大战略合作伙伴关系院校范围；新增中外合作办学项目；新增 1~2 所孔子学院；新增 1 个海外校区；初步形成国际化人才培养体系；依托一流学科，创建人文交流和国际化人才培养的品牌，服务国家"一带一路"战略，并为国家体育外交提供支持，不断提高国际影响力和竞争力。

（五）文化传承

文化传承特色更加鲜明。校园文化建设进一步强化，产生一批优秀文化成果，校园文化软实力进一步彰显。初步建成中国体育文化精粹的海外传播平台，新增一批弘扬中华优秀传统文化的精品项目，搭建具有国际影响力的中外文化交流平台。

五、改革任务

（一）深化治理结构改革

1. 完善内部治理体系

落实中央《关于坚持和完善普通高等学校党委领导下的校长负责制的实施意见》，进一步完善决策机制。全面实施《北京体育大学章程》，建立以章程为核心的制度体系。理顺行政权力与学术权力的关系，完善民主管理机制，探索师生代表参与学校决策的机制。全面落实党务、校务公开，建立社会参与和监督学校办学的有效机制。

2. 深化管理体制改革

优化党政管理机构设置，规范管理职能和职责，实现管理科学化和精细化。统筹学科建设，将发展规划处更名为发展规划与学科建设处，全面负责学科建设的顶层规划、项目实施及成效评估等。面向本研培养一体化需要，调整部处相关职能。面向国际化办学需要，将外事处更名为国际交流与合作处，统筹开展国际交流与合作、留学生管理和孔子学院建设管理等。

3. 调整学科与学院设置

按照"四个面向"的原则，设立奥林匹克运动学部、体育与健康学部、人文社科学部。明确学院设置原则，体育与健康学部、人文社科学部以学科发展为主线设置学院，体育学领域的二级学科可独立建院，其他学科领域原则上以一级学科为依据设立学院；奥林匹克运动学部以运动项目发展为主线，建立运动项目学院。通过不同类型的学院设置，引导学科分类发展。

4. 扩大学院办学自主权

尊重学院办学的主体地位，实现学院责、权、利的有机统一。建立学院分类发展机制，推动学院成为学科建设、人才培养以及科学研究的实体。完善学院党政联席会议制度，完善学院党政领导班子任期目标责任制和年度目标责任制，定期考核并发布发展实效。

（二）创新人才培养模式

1. 开展人才培养改革试点

制定卓越体育人才分类培养计划，构建"宽基础、重通识"的基础性培养和"高水平、精细化"的专业性培养相结合的本科专业人才培养新模式。建设优秀学生招录选拔、考核评价和分流机制。强化卓越体育人才专业化师资配备和学业指导团队建设，大力改革课堂授课模式，并完善相应的教材体系和教学方案。

2. 深化研究生教育改革

改革研究生招生机制，对体育学科群建设中交叉学科方向研究生招生指标核定予以政策支持。加强本科教育和研究生教育的有机衔接。推进研究生导师制度改革。完善研究生分类培养机制，搭建政、产、学、研、用有机结合的培养平台，完善应用型研究生核心课程体系、实践基地体系和业界导师队伍；建立学术型学位研究生"拓展创新导师组"指导制度，提升研究生培养质量。

3. 完善质量保障体系

改革学生评教方式，建立学生评教、同行评教、社会评教三位一体的教学质量评估体系，进一步强化教学评估成绩在职称晋升、业绩考评、绩效分配等方面的优化政策导向作用。严格执行学校、学院两级领导教学巡视制度和日常听课制度。推进第三方评价，对学位授权学科开展自我评估、第三方评估，推进博士学位论文国际评审和第三方评价。

（三）深化科研管理改革

1. 创新科研组织管理模式

改革科研组织模式。实现单兵作战向团队合作转变、独立科研向协同创新转变、国内资源为主向国际资源融合转变，适时试点 PI 制管理，建立网格化、立体式科研组织模式。完善科研管理制度。建立符合实际的科技项目管理制度，建立从项目立项到结题、成果转化的全流程综合管理体系。落实国家关于科研项目资金管理改革举措，修订科研经费管理办法，提高经费使用效益。

2. 完善科技评价考核机制

完善科研成果评价体系。建立以创新质量和社会贡献为导向的科研评价体系，引导科学研究从重视数量向重视质量和贡献转变。建立科技成果分类评价制度，制定不同学科、不同岗位人员的科研评价标准。实施科研绩效考核制度。将科研考核纳入教师年度工作量考核，并与教师的职称职务晋升、薪酬、奖励、推优评审相衔接。完善科研业绩激励机制。修订科技奖励办法。进一步加大对标志性科研成果和省部级以上重要奖励以及高影响因子成果的奖励力度。

3. 完善科研支撑体系，提高保障能力

坚持正确的政治方向和科研方向，加强学术道德和学风建设，实行学术道德和诚信一票否决制。建设文献资源保障体系，面向优势和特色学科，加强基础性、专业性文献资料保障。加大数字图书馆建设力度，提高数字化资源保障能力。完善学术期刊体系，在办好《北京体育大学学报》的同时，创办运动人体科学领域外文学术期刊，争取成为 SCI 来源刊。

（四）推进人事制度改革

1. 规范人事编制管理，完善多元用人机制

改革编制及岗位管理制度，合理使用事业编制。制定多元化用人管理办法，根据事业发展特别是学科建设需要，多渠道、多形式引进和使用人才。

2. 创新师资队伍建设机制，完善管理制度

认真研究贯彻国家《事业单位人事管理条例》，全面清理、修订、完善学校人事管理各项规章制度，重点完善各类人员的选人标准、晋升通道、考核评价等制度，建立有利于优秀人才脱颖而出的制度环境。进一步完善岗位设置与岗位聘任制度，改革高级职称遴选和管理机制，优化高级职称的学科布局。

3. 推进评价体系改革，完善人事激励机制

建立分类评价、分型管理、多元标准的教师评价体系。进一步完善以绩效为导向的薪酬分配制度，建立事业发展与教师收入同步协调增长的薪酬激励机制。统筹教学、训练、科研、管理和社会服务的各种奖项，探索建立层次合理、类别明晰的学校荣誉体系。把政治条件和师德表现作为教师选聘、考核和奖惩的首要标准，严格执行师德一票否决制。

（五）创新国际化推进机制

建立国际化战略协调机制。在职能部门和学院之间建立国际化战略实施的协调机制，划分职能部门和各学院工作职能，制定相关政策和措施，形成工作合力；发挥学院和学科在国际化发展中的主体作用，建立完善学校—学部—学院三级国际交流与合作网络。构建国际化评估指标体系，考核相关职能部门和学院的国际化管理能力和国际化发展状况。

六、保障措施

（一）加强和改进党的领导

坚持党的领导，牢牢掌握党对各项工作的领导权。坚持正确方向，充分发挥学校党委领导总揽全局、协调各方的领导核心作用。抓好思想领导，巩固马克思主义在学校意识形态的主导地位。落实学校领导班子成员、各学院书记、院长工作职责及在学科建设中的责任，并纳入考核体系。充分发挥基层党组织的战斗堡垒作用和组织教育管理党员、宣传引导凝聚师生的主体作用。全面落实党委主体责任和纪委监督责任，深化惩治和预防腐败体系建设。深入落实中央八项规定精神，健全查纠"四风"工作长效机制。

（二）完善工作机制

成立由学校党委主要领导牵头的一流学科建设领导小组，统筹全校一流学科建设的组织领导，负责学校一流学科建设的顶层设计、政策制定、资源配置等。成立学科建设专家咨询委员会，聘请国内外学科专家和管理专家担任成员，负责学校学科战略规划和一流学科建设实施的专业咨询和专家评估。建立多部门、多单位参与的联动推进机制，采取联合调研、部门会商等方式，确保学校一流学科建设的顶层设计与各部门、各单位实际情况和建设实践相互衔接、同步推进。

（三）加大经费投入

完善政府、社会、学校相结合的多元投入机制。加大自筹资金对一流学科的投入力度。多方筹措建设资金，设立校友会、基金会，吸引社会捐赠、扩大社会合作，健全社会支持长效机制。

（四）建设数字校园

积极推进校园网及公共硬件支撑平台建设与服务、应用系统及网站建设、数字资源建设、校园卡建设与应用、信息化服务体系建设等方面工作，促进校务管理信息和教学科研的采集、更新、整合、共享与公开；完善校园无线建设，实现"移动上网随处可得"，打造数字化的校园学习生活环境。

（五）拓展办学空间

抓住京津冀一体化的重大战略机遇，以非首都核心功能疏解为重要契机，在秦皇岛和雄安新区等地拓展办学空间，重点用于发展奥林匹克运动学部和体育与健康学部。抓住中法经济贸易合作区项目建设的重大机遇，争取国家体育总局、北京市教委政策支持，在法国夏斗湖建立海外校区。

（六）实施绩效评价

建立完善一流学科关键指标体系，落实年度建设任务和责任单位，以此作为年度绩效考核的重要依据。方案实施中进行动态监测，按年度开展第三方评价和学校自评。学校自筹经费中划定一部分用于绩效奖励。加强财务和审计的管理和监督，发挥事前、事中、事后全过程跟踪问效机制的作用。

（七）营造良好氛围

优化学科建设的制度环境和校园文化环境，认真做好宣传教育，广泛宣传双一流建设对学校发展的重大意义，增强师生员工的使命感和责任感，形成人人关心一流学科建设、合力推动一流学科建设的良好氛围。

附录 4　上海体育学院一流学科建设高校建设方案

以习近平新时代中国特色社会主义思想为指导，全面贯彻落实党的十九大精神和全国高校思想政治工作会议精神，增强"四个意识"和"四个自信"，加强党对高校的领导，全面贯彻党的教育方针，坚持社会主义办学方向，坚持走内涵发展道路，坚持中国特色、世界一流。牢牢把握立德树人的根本理念，牢牢把握服务国家重大战略，主动对接国家重大任务，坚持以特色求发展，加强学科融合和协同创新，以服务国家和区域经济社会发展的卓越贡献提升学科实力，为建设具有中国特色、世界一流的体育大学奠定坚实基础。

一、建设目标

（一）学校办学定位与发展目标

办学定位：坚持立德树人的核心理念，强化"四个意识"，坚持"四个自信"，落实"四个服务"，牢牢把握意识形态主导权。坚持体育特色，以人才培养和知识创新为己任，弘扬"发展体育运动、增强人民体质、弘扬体育文化"的光荣使命。践行"为了师生终身发展"的根本理念和"身心一统、德技相长、文理兼修、服务社会"的办学思想，以提高人才培养质量为核心，主动服务国家和区域发展战略，深化综合改革，推进大学治理能力建设，打造支撑中国体育发展和高等教育特色发展的人才库、思想库、智慧脑和中国体育文化传播源，着力建设竞技体育人才与应用研究型体育人才培养基地、专业化教师培养基地和体育国际合作办学示范基地，努力把学校建成扎根中国大地的世界一流体育大学。

发展目标：通过服务国家体育发展战略和区域创新发展战略，主动承担历史赋予的时代使命，遵循世界一流大学的办学规律，树立世界一流体育学科高峰，基本确立世界体育学科发展序列中的"中国学派"。

——到 2020 年，体育学学科进入世界一流行列，形成世界一流体育学科建设的稳固框架，在世界体育学科领域内具备一定的话语权。通过一流学科建设，探索形成体育高等教育的"中国方案"，学校成为中国建设体育强国、健康中国，上海建设科创中心、"全球著名体育城市"的重要支撑极，基本建成世界一流体育大学。

——到 2030 年，体育学学科稳居世界一流行列，建成体育学科优势明显的世界一流体育大学，在世界体育学科领域具备较强话语权，逐步塑造具有中国特色的世界一流体育学术标准。

——到本世纪中叶，体育学学科位居世界一流前列，全面建成处于世界领先水平的一流体育大学，引领国际体育学科发展方向。

（二）学科建设的总体规划及拟建设学科

1. 学科建设的总体规划

2017—2020 年，体育学学科继续保持国内领先，基本建成特色明显的世界一流体育学学科；重点提升已有支撑学科心理学（运动心理）、医学技术（运动康复）、新闻传播学（体育新闻）等学科建设水平；拓展学科领域，布局药学（兴奋剂检测技术）、应用经济学（体育经济）交叉学科建设，引进（培养）相关师资，启动相关实验室（基地）的建设。

2020—2030 年，在一流体育学学科引领下，促进体育与管理学、经济学、艺术学、医学、理学等学科门类的交叉融合，培育新的学科增长点，学科建设成果有重大突破，若干交叉学科领域达到优势明显的世界一流水平；

至本世纪中叶，形成具有中国特色的、世界一流水准的体育学学科体系。

2. 拟建设学科

拟建设学科为体育学，并促进相关学科交叉融合，最终实现国内领先、世界一流的体育学科。

二、体育学学科建设

（一）口径范围

以体育学为核心，交叉融合心理学、工商管理、应用经济学、计算机科学与技术、新闻传播学、医学技术、药学等学科，构建具有中国特色的体育学科体系。

（二）建设目标

主动对接国家和区域重大战略任务，在学科融合创新中发展新的学科增长点，师资国际化水平明显提升，形成高水平竞技体育人才培养模式，学术水平跻身世界前列。

——到 2020 年，在学生体质与学校体育、运动康复与健康、体育经济与管理（含公共体育服务）、运动项目协同创新、体育文化传承与创新等方面形成特色与优势，学科学术水平国际排名进入前 100 名，基本建成特色明显的世界一流体育学科。

——到 2030 年，以体育学为主干学科，推进体育学与药学（兴奋剂检测技术）、心理学（运动心理）、医学技术（运动康复）、工商管理（体育管理）、计算机科学与技术（体育大数据及智能体育器材）交叉融合，产出国际一流的学术成果，学科拥有国际学术背景的师资占比 50% 以上，学科学术水平国际排名进入前 30 名，全面建成优势明显的世界一流体育学科。

——到本世纪中叶，在体育学科的引领下，进一步提升相关学科建设水平，体育学科在若干方向领域，实现国际范围内的引领和示范作用，学科学术水平国际排名进入前 10 名，建成处于世界领先地位的体育学科。

（三）建设基础

1. 优势与特色

（1）学科评估名列前茅

上海体育学院作为我国体育院校首批博士学位授予单位之一（1986 年），现拥有体育学一级学科博士学位授权点，体育学下属体育人文社会学、运动人体科学、民族传统体育学、体育教育训练学 4 个二级学科博士学位授权点，同时自设 3 个二级学科博士点（体育管理、体育工程学、运动康复学）；体育学、心理学、医学技术 3 个一级学科硕士学位授权点，新闻学等 11 个二级学科硕士学位授权点，同时拥有体育、公共管理、艺术、新闻与传播 4 个专业硕士学位授权点。在 2012 年教育部学位中心第三轮学科评估中，我校"体育学"学科总体排名第二，体育学科一级指标"科学研究"排名第一。目前对全球体育学术相关排名只有"软科全球体育类院系学术排名（2016）"，我校处于全球 101~150 名，位于亚洲前列。

（2）人才培养成效显著

《面向国家重大需求，创建体医结合运动康复复合型人才培养模式》获 2014 年国家教学成果一等奖。依托国家体育总局和上海市人民政府共建合作机制，建立了世界上唯一专门以乒乓球为专业的高等学府——中国乒乓球学院，积极探索体教结合新机制。持续推进竞技体育人才培养，在伦敦奥运会、里约奥运会上共获 4 枚金牌。培养了一批国际知名教练员，如施之皓、孙海平、陈忠和等。

（3）师资队伍实力强劲

1 名教授获"美国国家体育科学院国际院士"荣誉称号，成为中国体育科学界第一位获此殊荣的人士；2 名教授获教育部"长江学者奖励计划"特聘教授；7 名教授获上海市高校"东方学者"特聘教授。2015 年至今，从哈佛大学医学院、堪培拉大学、早稻田大学、广岛大学等名校全职引进优秀人才 4 人，从德国科隆体育大学、北德克萨斯大学、北卡罗莱纳大学、南巴黎大学、上海交通大学等名校柔性引进 44 人助力体育学学科建设。

（4）科学研究成果丰硕

在学校体育和青少年体质研究方面，《中国儿童青少年体育健身大数据平台建设研究》获 2016 年国家社科基金重大项目立项，《增强青少年体质关键技术的研发与应用》获 2014 年上海科技进步一等奖；在运动科学研究方面，2013—2016 年获国家自然科学基金项目 26 项，基金获得数和 SCI（SSCI）论文发表数在全国同类院校位居第一；在体育管理研究方面，完成国家社科基金重大项目《我国公共体育服务体系研究》，推出全民健身发展"300"指数评估体系，并为政府提供了多项决策咨询服务；在运动训练科学研究方面，作为第一负责单位，《竞技体育对抗性项目致胜关键技术系统研究与应用》获国家科技进步二等奖；在体育文化传承与创新方面，《中国古代体育文物调查与数据库建设》获 2015 年国家社科基金重大项目立项，承建了国际体育组织首个落户中国的博物馆项目——国际乒联博物馆（中国乒乓球博物馆），建成全球首家中国武术博物馆。

2. 重大成就

（1）服务健康中国战略，助力中国学校体育事业发展

在全国率先成立上海市学生体质健康研究中心。2014 年《增强青少年体质关键技术的研发与应用》获上海市科技进步一等奖。2015 年 12 月面向社会发布了全国首创的上海市儿童青少年体育健身指数。鉴于指数报告的成功发

布，2016年上海体育学院承担了教育部委托的全国31个省市自治区青少年学生体育健身效果评价任务，评估报告即将面向社会发布。2016年度国家社科基金重大项目《中国儿童青少年体育健身大数据平台建设研究》成功立项。

（2）服务体育强国战略，聚力智库建设

主持起草了国家体育事业和体育产业"十三五"规划的编制工作；受国家体育总局委托，承担了《全民健身计划（2011—2015）年》实施效果第三方评估工作，得到总局充分肯定，新一轮全民健身计划（2016—2020年）实施效果第三方评估工作继续由我校承担；国家社科基金重大项目《我国公共体育服务体系研究》顺利结题，首创性地推出了反映健身环境、运动参与、体质健康发展水平的全民健身发展"300"指数评估体系。多篇内参被中共中央办公厅、中宣部等录用，2篇获得国家领导人批示。

3. 国际影响

中国乒乓球学院及中国乒乓球学院欧洲分院成为传播乒乓文化和中国体育文化的重要载体。与国际田径联合会合作设立国际田联上海体育学院特训中心，与国际手球联合会共建国际手球学院。成功申办首个境外办学项目，与澳门理工学院合作培养体育专业硕士。与爱尔兰都柏林大学成功签约，启动本科生、硕士生培养项目。2012年学校创办了中国大陆第一本被SCI和SSCI同时收录的英文版体育学术期刊《运动与健康科学（英文）》（JSHS）。创刊5年，已跃居SCI和SSCI的双"Q1"方阵，步入世界一流体育学术期刊行列；2015—2016年，JSHS连续两年国际影响力在中国人文社会科学期刊中排名第一。

4. 发展潜力与机遇挑战

第一，国家发展战略导向。"十三五"时期，国家确立了"体育强国"发展战略，大力推进"健康中国"建设。体育发展的内涵更为丰富，从原有聚焦于国家竞技体育的维度，转变为竞技体育、全民健身、学校体育、体育产业等多维度并重的复合结构。这为体育学科发展提供了更加广阔的空间，也提出了更高的要求。第二，区域发展有利条件。"十三五"期间，上海将全力建设具有全球影响力的科创中心，2030年上海要成为具有全球影响力的健康科技创新中心和全球健康城市的典范，体育科学创新是其中的重要内容。上海将着力建设全球著名体育城市，打造国际赛事之都，吸引国际体育组织、高端体育人才等各类创新资源集聚上海，大力推进上海体育产业繁荣发展。

一流学科建设面临的挑战主要有：

一是高水平体育人才培养模式改革创新有待进一步推进。人才培养结构、质量距离世界一流存在一定差距，需要通过深化综合改革优化人才培养结构，提高人才培养质量，形成适应国家体育事业改革需要，真正符合国际体育发展趋势，达到世界一流的体育人才培养机制。

二是师资队伍结构有待进一步优化，整体水平有待提高。师资队伍国际化水平距离世界一流存在差距。世界一流体育院校具有博士学位的专职教师比例一般在70%以上且有一定比例的国际师资，我校专职教师具有博士学位的不到50%。

三是科研创新实力距离世界一流存在差距。我校教师每年人均科研经费约5万元，亚洲、欧美知名体育院校高出我校一倍以上；教师产出的学术论文的数量与质量，与国际一流学科相比有一定差距。

（四）建设内容

1. 探索人才培养新模式，培养体育拔尖创新人才

建设内容：实施"价值观引领践行计划"。全面贯彻党的教育方针，坚持社会主义办学方向，结合体育高等教育特色，贯彻落实立德树人根本要求。一是深入贯彻落实党的十九大精神和全国高校思想政治工作会议精神，以立德树人为根本，把社会主义核心价值观体现到教书育人全过程，把思政课程

作为人才培养核心课程，以体育为特色，开设"体育强国"系列课程，打造一体化育人格局。二是建立体育特色学生管理体系，把思政教育融入竞技训练、学生成长生涯全过程。三是强化"四个意识"，坚持"四个自信"，落实"四个服务"，牢牢把握意识形态主导权，加强体育高等院校教师思政工作，树立师德师风良好导向。

实施本科教育质量工程。一是突出创新导向，建立高水平竞技体育人才创新培养模式。紧密结合备战 2020 年东京夏季奥运会、2022 年北京冬季奥运会的要求，建立义务教育阶段—中等教育阶段—高等教育阶段一体贯通的高质量竞技体育生源涵养机制，创建竞技运动科学学院，实施高水平竞技体育人才招生体制机制改革，实现"运动员学生"向"学生运动员"转变。二是突出应用型本科人才培养导向。着重培养本科学生综合实践能力和创新创业能力，增强社会责任感，提高学生运动技能和职业技能，服务体育事业和体育产业发展。

实施研究生教育创新工程。强化学术创新能力培养导向，依托学校科研平台，大幅提高研究生留学学习和参与国际学术交流的机会，大幅提高研究生介入高水平科研项目的机会，强化学术成果质量考核导向。建立研究生生源优化机制，稳步提高优秀学生直接攻读硕士研究生和博士研究生的比例。

2. 打造世界级科研平台，创建学科优势特色

建设内容：形成优势学科方向。主动对接国家和区域重大战略需求，在学生体质与学校体育、运动康复与健康、体育经济与管理（含公共体育服务）、运动项目协同创新、体育文化传承与创新等方向开展体育学科的研究，逐步形成研究的特色与优势，产出一系列标志性的研究成果，打造面向世界的体育学科高峰。

重点建设兴奋剂检测研究平台。我校将用好国家实验室筹建契机，建立反兴奋剂协同创新平台，争取在 2022 年获得世界反兴奋剂组织（WADA）的

认证，通过拓展学科研究新的增长点发展体育学科。

重点建设体育大数据中心，组建奥林匹克运动科学研究院。依托上海崇明国家级体育训练基地，对接奥运备战要求，建设世界领先的体育大数据中心。

3. 主动服务国家重大战略，提升服务决策咨询能级

建设内容：建设高端体育智库。推进全民健身、体育公共服务、学校体育以及体育产业等方向的智力服务工作，进一步加强公共体育服务发展研究中心、学生体质健康研究中心以及体育产业发展研究院等智库机构建设，建立一流体育特色智库，凸显一流体育学科的社会服务效应。

重点开展新一轮全民健身计划（2016—2020年）实施效果第三方评估；开展"中国儿童青少年体育健身大数据平台建设研究"，发布中国青少年体育健身指数，建设体育产业大数据平台，发布国际、国家以及长三角体育产业蓝皮书和全国体育消费指数。提升一流智库为政府决策咨询服务的能级。

组建"上海市运动与健康产业协同创新中心"，通过体制机制的创新，凝聚整合校内外研究力量，打造一支"专兼职结合"的研究队伍，培育若干以"项目为导向"的研究团队，力争在学术研究、决策咨询、社会服务、人才培训、国际交流、平台建设等方面形成一系列标志性成果。

4. 弘扬优秀体育文化，打造中国体育的"国字号"名片

建设内容：进一步提升《运动与健康科学（英文）》（JSHS）杂志的学术影响力。推动中国体育科学走向世界，提高中国体育学科的话语权和影响力，讲中国体育故事，传播中国体育声音，让全世界了解中国体育科学发展成果，传播中国优秀体育文化，将JSHS打造成国际体育学科顶尖刊物。

打造中国体育的"国字号"名片。立足学科传承创新成果，挖掘乒乓球项目中蕴涵的具有中国体育元素的体育文化，建成国际乒联博物馆及中国乒乓球博物馆，推动"国球"走向全球，打造中国体育的"国字号"名片。

体育非物质文化遗产保护与传承。把蕴涵于中国体育非物质文化遗产中具有当代价值、世界意义的文化资源挖掘出来、传播出去，使凝聚于民族传统体育中的中国精神、中国风格、中国气派在体育文化传承中生生不息、发扬光大。争取国家非遗中心支持，成立"国家非遗中心体育非遗国家级基地"。

5. 建立学科人才特区，聚集一流师资

建设内容：建立学科人才特区。在学生体质与学校体育、运动康复与健康、体育经济与管理（含公共体育服务）、运动项目协同创新、体育文化传承与创新等方向组建"创新团队"，在全球范围内招聘该领域的顶尖学者作为团队负责人。支持团队负责人面向国际、国内、行业及校内分批引入高端全职人才，组建创新团队，从事一流学科建设相关任务工作。团队成员实行协议工资或年薪制，以一流学科建设指标为依据，签定任务书，定期考核，动态调整。

实施教师分类管理制度。针对体育高等院校教师类型多元，包含术科教师和学科教师的特点，大力推进师资队伍分类管理。着力加强术科教师队伍建设，通过分类评价疏通晋升发展渠道，激发人才活力，形成运动项目专精、竞技训练水平精湛、达到全国领先水平的术科教师队伍。着力提高学科教师队伍教学水平，提高学术创新成果产出率和贡献度。

6. 实施"国际上体"计划，提升学校国际影响力

建设内容：探索高水平体育类人才国际合作培养模式。大力推动与世界知名大学在本硕博联合培养、双学位授予和学分互换等领域的合作。重点推进与德国科隆体育大学联合培养体育管理硕士，与卢森堡国际运动健康科学大学合作筹建体育科学相关专业。根据国家"一带一路"的战略布局，探索开展武术、乒乓球等我校优势项目海外学位教育。持续推进学生海外学习实习品牌项目实施。全面提升国际学生教育水平，稳步提高国际学生数量，优化国际学生来源国别结构。

（五）预期成效

通过"一流学科"建设，到 2020 年，我校体育学科建设成效如下：

1. 人才培养

基本形成"高本贯通（中本贯通）""本硕贯通""一体贯通（义务教育阶段—中等教育阶段—高等教育）"的高质量竞技体育生源涵养机制。推进"运动员学生"向"学生运动员"转变，形成大中小一体化高水平竞技体育人才培养体系，为国家竞技体育发展输送人才。学校基本建成体育应用型人才和创新创业人才培养基地。博士生要求发表高水平的学术论文（CSSCI、SCI/SSCI 收录），提升在国外学术机构或国内一流实验室（基地）学习博士生的比例。

2. 科学研究

完成兴奋剂检测研究平台、体育大数据中心、上海市运动与健康产业协同创新中心等学术平台阶段性建设任务。

体育学科国际学术排名进入前 100 名，国家级课题立项数继续保持全国体育院校领先地位。着力提高科研成果数量和质量，SCI、SSCI、EI、A&HCI 收录论文数全国体育院校保持领先，发表 ESI 收录论文取得突破。

3. 社会服务

定期发布中国青少年体育健身指数、全国体育消费指数，建成公共体育服务发展研究中心、全民健身评估中心、体育产业大数据平台。为 2020 年东京夏季奥运会和 2022 年北京冬季奥运会提供高质量的科技攻关服务，基本建成"环体院体育产业经济圈"，服务地方区域战略发展。

4. 文化传承创新

建成国际乒联博物馆和中国乒乓球博物馆、国家非物质文化遗产中心体育非遗国家级基地。进一步提高《运动与健康科学（英文）》（JSHS）的学术地位，使其成为国际体育学科顶级刊物。

5.师资队伍建设

组建"创新团队"。全面实施"预聘—长聘"制度、协议工资或年薪制度、分类管理制度，大幅提升海外获得学位或有一年以上研修经历的人员比例，基本形成科学合理、有竞争力、能够冲击一流学科的师资队伍结构。

6.国际交流与合作水平

增加 1 个以上国际合作办学项目（学历学位教育）。学历学位教育国际学生近 500 人。不仅实现国际师资零的突破，而且将加大引进力度。

三、整体建设

（一）拟建设的学科对带动学校整体建设的作用

一流学科建设是引领全校师生凝心聚力推进学校跨越式发展的重要载体，因此，在一流学科建设过程中，学校将以学科建设为抓手，通过体育学科建设，带动相关学科交叉融合，促进运动心理、运动康复、体育管理、体育经济、体育新闻、运动生物力学、体育舞蹈、武术表演、体育主持等学科交叉点的建设，拓展体育大数据、兴奋剂检测技术等新的学科领域，逐步形成以体育学为主干，教、文、理、医、管、艺等学科门类协调发展的学科体系，进而带动学校全面整体建设。

（二）2017—2020年学校落实《总体方案》五大建设任务和五大改革任务的具体任务举措

1.落实五大建设任务举措

（1）完善人事制度

学校将根据一流学科建设目标，全面推进人事制度改革。一是对照一流师资队伍建设目标要求进行顶层设计，建立相应的体制机制，全面推进学校人事制度改革。二是实行分类发展综合改革，根据人才队伍的不同岗位，明确岗位职责，实行分层管理、分类评价与考核。三是完善高层次人才刚性和柔性引进机制，全面启动全职和兼职、长聘和短聘、编制内和人事代理等多种方式的用人模式。四是改革人事薪酬制度，以绩效为导向，不同人才实行不同的薪酬制度。

（2）创新人才培养模式

高水平竞技体育人才是中国体育强国梦以及中国梦的重要力量。根据人才成长规律，竞技体育人才需要从小培养，在培养竞技能力的同时培养终身学习和终身健康的能力，是高水平竞技人才可持续发展的内在规律。培养高水平竞技体育人才需要构建大中小一条龙的培养体系，为此，在体制机制上进行突破，打造高端竞技体育人才培养范式。

（3）改革科研管理机制

依托我校体育科学研究院，改革科研管理机制，确保产出一流的科研成果。一是坚持高峰战略，以体育学"一流学科"建设为契机，创新科研组织运行机制，组建一流学术团队，加大重大基础性项目与应用型项目研究，形成原创性研究成果。二是构建科研协同创新机制，通过体制机制改革，组建跨区域、跨学科、跨领域科研平台，提升学科建成的社会影响力。

（4）打造体育特色智库和体育文化基地

依托现有智库和拟建的"上海市运动与健康产业协同创新中心"，推动学校与社会、政府对接，加强公共体育服务、学校体育、体育产业、体育德育、体育文化等研究平台建设，提高研究成果的影响力和辐射力，进一步增强决策咨询研究的社会服务能力。推进国际乒联博物馆（中国乒乓球博物馆）建设；推进体育非遗国家级基地和中国武术博物馆等建设，强化其文化育人等功能，建成世界一流的体育文化示范基地。

（5）打造"环体院体育产业经济圈"

上海体育国家大学科技园是国内首家体育科技示范园区。通过推进上海体育国家大学科技园建设工作，进一步有效构建体育产学研融合发展的要素配置、政策机制和市场运营新体系，促进体育科技成果转化转移，提升体育学科服务国家体育产业经济的贡献度。

2. 落实五大改革任务举措

（1）加强组织保障。学校成立一流学科建设领导小组，统筹学校整体建设和学科建设。进一步落实党委领导下的校长负责制，以习近平新时代中国特色社会主义思想为指导，全面贯彻落实党的十九大精神，全面加强党的领导，全面贯彻党的教育方针，坚持社会主义办学方向，坚持中国特色、世界一流。

（2）建设现代大学制度。着力落实学校《章程》制度内容，优化学校内部治理结构，推进大学治理体系和治理能力现代化，完善校院二级管理的运行规则和制度体系，积极推动校院两级管理改革试点。健全以学术委员会为核心的学术管理体系与组织架构，大力推进二级学院学术分委员会和教授委员会建设，激发院系办学活力，增强办学实力，彰显办学特色，实现持续发展。

（3）深化人才培养和学术创新改革。以创建竞技运动科学学院、奥林匹克运动科学研究院和筹建兴奋剂检测平台为主要抓手，实现科教协同育人，育人驱动创新的发展目标。全面改革竞技体育后备人才招生培养机制，大幅提高竞技体育人才培养质量。通过创建奥林匹克运动科学研究院和筹建兴奋剂检测平台，深度整合学校和上海市相关科研力量，带动学校研究生培养质量提升，建立一流的学术创新人才梯队。

（4）创新社会参与机制

创新与行业、区域以及相关领域的合作机制，创新社会参与机制，促进一流学科发展。一是参照中国乒乓球学院的办学模式，与中国篮协、中国田协、中国高协等合作成立篮球学院、马拉松学院、高尔夫球学院。二是强化

"三区联动"。主动对接"体育强国""健康中国"等国家战略，深化社区、校区、园区"三区联动"，切实引导应用型本科人才培养，形成全方位、宽领域、多层次的区校战略合作关系。三是建成体医结合运动健康创新区。密切上海体育学院与上海交大附属新华医院合作，共建体医结合健康学院，更好服务"健康中国"战略。

3. 学校推动学科发展的具体举措与进度安排

为更好推进一流体育学科建设，在对任务进行分解的基础上，学校将根据一流学科建设目标，分年度出台一系列管理办法，通过制度设计保障学校建设目标能够如期高质完成。

4. 管理体制机制、自我评价调整机制及资源筹集与配置机制

（1）管理体制机制改革

学校将通过深化综合改革，破除体制机制障碍，统筹学校整体建设和学科建设，成立一流学科建设管理办公室，明确一流学科建设的时间表和路线图，从制度层面予以推进落实。

（2）自我评价调整机制

一流学科建设过程中将充分发挥绩效评价的引导作用，一是建立全球体育学科成果数据库，定期开展自我评估。二是将依托专业评估机构，开展第三方评估。学校根据评估绩效进行资源调整并出台相应的管理办法，确保一流学科建设目标如期完成。

（3）资源筹集与配置机制

一流学科建设需要在对现有资源整合的基础上全面提升学校的区域空间。一是校区规划。优化调整学校整体布局，在崇明国家体育训练基地附近建新校区，为建设一流学科提供办学空间资源。二是多措并举，建立多元的经费筹集机制。除获得教育部、上海市专项支持外，学校还将注重整合社会资源，加强校友会建设，鼓励广大校友关心、支持学校事业发展。

附录 5　首都体育学院关于进一步加强学科建设的实施意见

为深入贯彻党中央、国务院关于建设世界一流大学和一流学科的重大战略决策部署，积极落实全国研究生教育大会精神，根据《统筹推进世界一流大学和一流学科建设总体方案》（国发〔2015〕64 号）、《教育部国家发展改革委财政部印发〈关于加快新时代研究生教育改革发展的意见〉的通知》（教研〔2020〕9 号）和《中共北京市委北京市人民政府印发〈关于统筹推进北京高等教育改革发展的若干意见〉的通知》（京发〔2018〕12 号）及《中共北京市教育工作领导小组关于印发〈北京市属公办本科高校分类发展方案〉的通知》（京教组发〔2020〕4 号）要求，充分发挥学科建设的龙头作用，提升学校综合实力和核心竞争力，加快学校世界一流体育大学的建设步伐，更好地为国家和北京市重大战略实施及经济社会发展做出贡献，现结合学校实际，提出如下意见。

一、总体要求

（一）指导思想

以习近平新时代中国特色社会主义思想为指导，全面贯彻落实党的教育方针，坚持社会主义办学方向，瞄准国家战略和北京市"四个中心"建设需求，以一流的党建为引领和保障，以提升人才培养质量为核心，以重大项目实施为带动，加强系统谋划，加大改革力度，完善推进机制，强化学科内涵建设，调整优化学科结构，突出建设的质量效益、社会贡献度和国际影响力，构建与学校建设世界一流体育大学目标一致的学科体系，持续提升学校整体实力和竞争力。

（二）基本原则

坚持一流目标，久久为功。遵循学科发展规律，科学谋划，以创建一流、服务需求为使命，以目标任务为导向，从基层抓起，从基础抓起，全面发力，有序推进，持之以恒。

坚持内涵发展，分类建设。以一级学科为口径，以二级学科为主体，紧紧围绕学科内涵建设的各方面，分重点学科、重点建设学科和重点扶持学科三个层次加强建设，优先培育若干学科或方向冲击国内顶尖和国际一流。

坚持改革创新，激发活力。深化学校综合改革，持续推进人才培养体系改革、人事制度体系改革、治理体系改革、科研学术体系改革、资源配置体系改革等，加快构建充满活力、富有效率、更加开放、有利于学校科学发展的体制机制。

坚持绩效导向，动态调整。建立激励约束机制，强化目标管理，鼓励公平竞争，突出建设实效，构建学科建设资源配置与绩效管理评价体系，建立滚动淘汰和支持力度动态调整机制，持续加大投入，加强督促检查，促进学科实力有效提升。

（三）建设目标

当前学校学科主要围绕体育学和心理学加强建设，以目前现有二级学科为基础，争取设置更多的优势二级学科，重点突出体育教育、奥林匹克教育、体育人工智能、体医融合、文化与新闻传播、冰雪运动等 6 大特色领域。

近期目标：到 2025 年学校若干学科方向进入国内一流前列，国际有重大影响力，部分特色和交叉学科方向跻身世界一流行列。

中期目标：到 2035 年左右，若干学科方向进入世界一流行列。

远期目标：到 2050 年左右，体育学学科进入世界一流前列，体育学科达到国际领先水平。

二、主要任务

（四）充分认识学科建设的重要意义

学科建设对培养创新人才、开展科学研究、提高创新能力、服务经济社会发展、推进国家治理体系和治理现代化方面具有重要作用，是国家发展和社会进步的重要基石。学科建设是立校之本，是我校建设世界一流高水平特色型大学的核心，是一项艰巨而需要长抓不懈的系统工程。学科建设是强校之路，对专业建设、教学改革、人才培养、提高科研和服务社会能力具有重要作用，学科建设水平是我校学术地位、办学水平、综合实力和发展潜力的重要标志。学科建设是执教之基，是教师成长发展和实现理想抱负的基础，是教学知识体系的源泉，是文化传承、精神塑造和教书育人的载体。强化"学科强则学校强、学科兴则学校兴"的责任意识，健全学科建设体系，夯实专业基础，理清发展思路，明确目标任务，加快建设步伐，推动我校学科建设高质量国际化快速发展。

（五）深刻把握学科建设的主要内容

学科建设要明确学术方向和回应社会需求。建设内容涉及学科发展方向、学科建设规划、师资队伍建设、专业课程体系建设、教学质量监控体系建设、拔尖创新人才培养、科研成果立项和转化、优秀文化传承与创新、国内外合作交流、资源整合与配置、学术声誉营造、学科评估评价及建立健全管理制度等方面。主要通过人才培养模式改革、人事制度改革、科研体制机制改革、投入绩效机制改革、条件保障机制改革等方面来实现。

（六）加快建设一流师资队伍和创新团队

教师是学科的支撑，打造一批师德高尚的一流师资队伍是赢得学科建设全局的关键。要持续深入实施人才强校战略，加快人事制度改革，以制度创新补齐人才短板，坚持引育并重，秉持"人人都是人才、人人都可成才、不求所有、但求所用"的新理念，面向海内外公开招聘更多急需的高层次人才。以学科统领师资队伍建设，按学科建设需要推动教师"归队"，形成"人人有方向、个个有项目、年年有产出"的人才队伍建设导向。以培养学科带头人为重点，以教师队伍整体素质全面提高和创新能力提升为中心，加快构建"学科带头人＋学术带头人＋学术骨干＋创新团队"的人才队伍体系，形成稳定的教学、科研创新团队。要厚待重用现有人才，选送一批具有发展潜力的中青年骨干教师赴国内外高水平大学进修学习，加速其成长为能参与国际、国内一线竞争的学术科研骨干。着力培育跨学科、跨领域的创新团队，不断增强人才队伍可持续发展能力。

（七）大力提升科研创新水平和服务能力

瞄准世界体育科技前沿，面向国家战略和北京市"四个中心"建设重点任务，坚持问题导向，坚持学术探索与服务国家需求相结合，建立需求服务对接机制，着力提高我校在体育领域原始创新、自主创新能力和建设性社会影响。提前做好科研预判，加强科研项目培育，组织储备一批国家急需、行业急需、学科急需的重大项目，积极承担国家重点、重大科技计划任务，在国家和北京市重大科技攻关项目中发挥重要作用。改革管理体制，加强协同创新，引导教师和团队从注重数量转向注重质量发展，从注重纵向项目向注重"纵横一体化"发展，从单兵作战向团队攻关发展，努力打造学科建设的标志性成果。积极探索以代表性成果和原创性贡献为主要内容的科研评价，提升科研成果转移转化质量和水平，强化学科服务能力，在更多体育前沿领域引领科学方向。

（八）统筹建设若干个高水平的科研平台

科研平台是组织科学研究、聚集和培育科技人才、开展学术交流的重要基地，是人才培养、科技创新、团队建设和学科交叉发展的重要载体。我校的科研平台主要是指依托学校和自主设立的，以开展科学研究为目的的各级重点实验室、研究（工程）中心、研究基地（院、所）等科研机构的统称。学校将按国家级、省部级、校级三个层次统筹规划布局，在突出创新导向、鼓励协同创新、强化共享服务、实行绩效评估、择优重点扶持、实施优胜劣汰的基础上，进一步完善科研平台管理体制。研究制定平台建设管理办法，规范平台建设程序，着力提升平台内涵建设水平，区分好教学平台和科研平台，细化平台建设方案，明确平台建设目标，落实建设责任主体，进一步促进平台实体化。着力推进新型体育高端智库建设。针对国家战略和北京社会发展需求的重大科技问题，积极开展以基础理论研究和应用基础研究为主的创新性研究，打造若干个国内具有影响力的高水平、开放共享的体育科研平台。

（九）不断提高研究生人才培养质量

坚持立德树人，突出人才培养的核心地位，把思想政治工作融入研究生教育全过程，进一步加强思政课程和课程思政建设。加强研究生党建工作，做好党员发展。深化研究生教育综合改革，进一步优化考试招生制度，完善招生选拔办法；着力改进研究生培养体系，分类细化人才培养方案，增强人才培养目标和培养过程的契合度；科学设置课程和内容体系，不断提高课程的前沿性、精品性和应用性；积极推进教学改革，强化课程学习环节，引导学生自主学习、小组合作学习、探究学习和研讨学习，组织实施研究生教改项目，建设一批研究生优质课程；加强科教融合、校企结合，突出科研训练，强化创新能力培养，积极探索课程育人＋科研育人＋实践育人相互衔接的新模式。加强研究生培养过程管理和学业考核，完善奖助学金制度，实行中期考核分流淘汰机制。加强职业发展教育和就业指导，拓展实践实验基地，做好研究生就业创业工作。健全导师责权机制，改革导师遴选和考核办法，着力加强导师队伍建设。健全研究生培养质量监控保障体系，把研究生培养质量作为衡量学科建设成效的重要指标。改革研究生管理模式，有序推动管理重心下移，强化学院等二级单位的主体地位，形成本硕博贯通、专业学科一体化的二级学院（单位）管理培养体系。

（十）努力提高学科国际化水平

突出学科建设的国际化视野，重视学习借鉴国际先进教育思想、办学理念、教学方法和管理经验。加强与国外高水平大学、顶尖科研机构、国际组织的实质性学术交流与科研合作，加大校际访问学者和学生交流互换力度。积极申报中外合作办学项目。把国际合作与交流工作纳入各学科的年度工作计划。提高学科带头人参与国际学术对话和承担国际科技合作项目的能力。积极主办、承办或参加国内外重要学术会议。选派学科带头人、学术骨干、优秀青年教师等赴国外高水平大学、机构访学交流和开展合作研究，提高具有海外学习培训经历教师的比例。做好学生"派出去"和"引进来"工作，加大学生出国交流、交换比例，提高留学生教育层次和培养质量。积极鼓励和推荐学校优秀人才在国际组织、学术机构、国际期刊任职兼职。

三、完善机制

（十一）完善学科建设管理体制

建立学科建设"校—院—学科点"三级管理体系，明确各层级管理责权利。学校层面做好学科建设整体规划、阶段目标、投入保障、考核评价等环节的工作。各学院（单位）是推进学科建设工作的主体，其领导班子要对本单位学科建设负主体责任。要科学规划本单位各学科的发展目标、任务，明确推进学科建设的时间表、路线图。学科带头人、学术带头人、学术骨干主要职责是组织学科成员按时、保质完成学科建设任务。

（十二）建立学科建设运行机制

完善规章制度，研究制定学科带头人、学术带头人和学术骨干遴选及管理办法、学科经费使用办法、学科建设考核奖励办法等，着力提升学科建设管理水平。通过制定不同阶段学科建设规划，分解年度学科建设任务，落实年度学科建设经费，加强过程管理，完善评价体系，实施学科带头人和学术带头人岗位责任制等，着力构建学科建设常态化运行机制。

（十三）实施学科建设项目制

整合校内外资源，面向学科发展需要，设立若干学科建设项目，进一步提升学科培育和建设能力。积极推行"条件设定、自主申报、专家评估、学校决策、分年实施、绩效考核、动态调整"的学科项目建设机制。在学科建设定位和目标的基础上，明确建设任务和期限，由各学科自主竞争申报，专家评估合格后立项予以支持建设，项目实施绩效进行年度、中期和终期考核，并根据考核情况动态调整。

（十四）建立学科建设评价机制

逐步建立学科建设评价、评估体系与调整机制。依据学科特点和建设目标，利用自我评估、第三方评估等评价手段，定期对学科建设与发展情况进行全面评价，综合考察人才培养质量、师资队伍水平、科学研究水平、社会服务和学科声誉。建立基于评价结果的资源调整机制，实现对学科规模、方向和结构的动态调整，增强建设的实效性，推动学科水平持续提升。实施学科建设目标责任制，把学科建设纳入各学院（单位）和相关职能部门领导班子的任期目标，实行目标考核与责任追究机制。

（十五）建立学科资源配置统筹机制

充分整合校内资源，建立统筹投入联动机制，确保把有限资源优先用于重点学科建设，用于学科建设关键之处。校内人才引进、经费预算、岗位设置与考核、收入分配等，都要充分保证重点学科建设需要。各学院根据本单位学科规划，合理配置各类资源，保障各项学科发展需要。鼓励各学院（单位）多渠道筹措学科建设资源，学校通过配套支持的方式给予适当奖励。明确学科建设经费的开支范围，主要用于仪器设备、学术资料、情报信息、网络建设、人才队伍建设、教学改革、学术交流和学科运行等方面。逐步实现建设目标与建设任务相结合、建设任务与资源投入相结合、资源投入与绩效考核相结合的统筹机制。

四、加强组织管理

（十六）切实加强组织领导

坚持学校党委对学科建设的领导，加强部门统筹协调，形成学科建设合力。成立由校党委书记、校长担任双组长的学科建设领导小组。明确校党委书记、校长是学校学科建设的第一责任人，其他校领导是分管领域的主要责任人，各部门、学院（单位）主要负责人是对应建设的直接责任人。学院（单位）为学科建设的责任主体，学院（单位）主要负责人是本单位学科建设的第一责任人，学科带头人是学科建设的直接责任人。学科建设领导小组下设办公室，挂靠在研究生部，负责日常工作和研究组织实施建设任务。各相关部门和学院（单位）要制定具体细则或办法，落实有关工作要求，加强沟通协调，形成各司其职、齐抓共管的工作格局。

（十七）充分发挥专家咨询指导功能

充分发挥学校学术委员会对学术事务进行决策、评定、审议和咨询的作用。设立学科建设专家咨询委员会，依据学校学科实际，聘请相关领域专家学者担任学科建设专家咨询委员会委员，定期对学校学科建设规划、学科建设规章制度、学科建设项目申报和总结等进行论证、评价及咨询服务，充分借鉴国内外体育学科建设的良好经验。

（十八）营造学科建设的良好氛围

做好宣传引导，发动全校师生员工聚焦一流，全面跟进、全面参与学科建设。充分利用各种媒体平台和渠道，做好学校工作部署和配套政策解读，及时回应师生和社会关切，扩大学科建设的影响力，引导社会各界力量参与学校改革发展。及时总结推广典型和经验做法，加大宣传力度，营造良好的舆论氛围。

附录 6 南京体育学院学科带头人、学术带头人和学术骨干管理办法

第一章 总则

第一条 为加强学科建设，贯彻"人才强校"战略，提高学校学科建设整体水平，培养一批高水平的学科带头人、学术带头人和学术骨干，促进学校教育质量的全面提高，根据学校实际和中长期发展规划，特制定本办法。

第二条 学科带头人、学术带头人和学术骨干的岗位设置，坚持近期需要和长远发展相结合的原则，既注重重点学科和优势学科，又兼顾具有发展潜力的新兴学科、发展需要的应用学科和基础学科。学校根据学科布局、发展需要和财力情况，按照设岗条件，确定设岗数量。

第三条 本办法所称学科带头人是指学术造诣深，在学科发展建设中有较大成就，并以其为核心而形成学术梯队，能够带领、组织和协调学术梯队为学科发展共同努力，在国内学术界享有一定声誉的教师或科研人员；学术带头人是指在某一学科领域具有较高的学术造诣，熟悉本学科及相关学科的现状与发展动向，提出和选定相应的教学、科学研究，指导、组织有关人员共同开展学术研究，并获得重要研究成果者；学术骨干是指在某一学科研究方向有一定的学术水平，熟悉本研究方向的现状与发展动向，有一定科学研究或技术开发才能的教师或科研人员。

第二章　岗位设置与职责

第四条　本办法中的学科是指体育学一级学科所属的二级学科（含学校自主设置的目录外二级学科）。

第五条　每个二级学科设置 1 名学科带头人，二级学科所属学科方向（研究领域）均参照"申请博士学位授权点基本条件"和"中华人民共和国国家标准学科分类与代码"，与体育学所属二级学科有交叉的自设二级学科不再单设学科带头人，由与其交叉的体育学所属二级学科相应人员兼任。

第六条　学科带头人岗位职责：

1. 负责制定本学科领域建设和发展规划，并负责组织实施，每年向学校提交工作总结报告。

2. 负责本学科梯队建设工作。在学科和二级学院总体规划下做好本学科的人才引进、选拔、培育等工作，力争形成年龄、职称、学历和学缘结构合理的学科梯队，尽快培育出一批高水平的学科团队。

3. 组织开展科学研究工作，积极组织申报各类科研课题。负责开展学术交流，推动科技成果转化和高新技术产业化。

4. 积极支持配合学校学科建设的整体工作安排，接受学校、学科建设办公室的管理。

5. 具体任务：主持或完成国家级课题 1 项，或省部级课题 2 项（团队其他成员主持或完成省部级及以上课题 5 项），并至少完成以下任务之一：A. 在CSSCI、CSCD 刊物发表论文 4 篇（第一作者或通讯作者），或被 SCI、SSCI检索收录 2 篇；B. 正式出版学术著作 2 部（每部 15 万字以上，独立完成或排名第一），或担任主编出版省级以上统编教材 2 部；C. 取得省部级及以上教学、科研成果奖励 1 项（等级内额定人数）；D. 作为第一发明人获得 2 项发明专利；E. 获得省级以上政府部门采纳或认可的研究成果（相关成果必须提供原件、政府相关部门采纳、批示的证明）。

第七条 学术带头人岗位职责：

1.在学科带头人的指导下，积极参与制定和实施本学科领域的发展规划。

2.负责所在研究方向的学术梯队建设工作。

3.带领本研究方向的学术成员开展科学研究工作，积极申报各类科研课题，并以团队的方式承担相应的科研课题或取得相应的科研成果。

4.具体任务：主持或完成省部级及以上课题1项（团队其他成员主持或完成省部级及以上课题2项），并至少完成以下任务之一：A.在 CSSCI、CSCD 刊物发表论文3篇（第一作者或通讯作者），或被 SCI、SSCI 检索收录2篇；B.正式出版学术著作1部（15万字以上，独立完成或排名第一），或担任主编出版省级以上统编教材1部；C.取得省部级及以上成果奖励1项（等级内额定人数）；D.作为第一发明人获得1项发明专利；E.获得省级以上政府部门采纳或认可的研究成果（相关成果必须提供原件、政府相关部门采纳、批示的证明）。

第八条 学术骨干岗位职责：

1.在学术带头人的指导下，积极参与制定和实施本研究领域的发展规划。

2.积极参与所在研究方向的学术梯队建设工作。

3.在本研究方向开展科学研究工作，积极申报各类科研课题，积极参与团队的人才培养、科学研究和社会服务等工作。

4.具体任务：主持或完成省部级及以上课题1项，并至少完成以下任务之一：A.在 CSSCI、CSCD 刊物发表论文2篇（第一作者或通讯作者），或被 SCI、SSCI 检索收录1篇；B.正式出版学术著作1部（15万字以上，独立完成或排名第一），或担任主编出版省级以上统编教材1部；C.取得省部级及以上成果奖励1项（等级内额定人数）；D.作为第一发明人获得1项发明专利；E.获得省级以上政府部门采纳或认可的研究成果（相关成果必须提供原件、政府相关部门采纳、批示的证明）。

第三章　遴选条件

第九条　学科带头人聘任条件：

1. 申请者必须热爱祖国，具有良好的科研道德和团队协作精神。

2. 年龄不超过 58 周岁，具有硕士及以上学位的正高级职称。

3. 在本学科领域有稳定的、特色鲜明的研究方向，对本学科发展前沿的学术动态有充分的了解，有较高的学术水平；对学术研究工作有创造性构想，具有带领本学科在其前沿领域赶超或保持国内外先进水平的能力。

4. 科研能力强，科研水平高，近 3 年来（2018 年 1 月 1 日—2020 年 12 月 31 日），满足下列两项条件：

（1）具备其中 1 项：A. 在核心期刊上正式发表 5 篇以上本专业有较高学术价值的论文（第一作者或通讯作者）；B.2 篇以上论文（第一作者或通讯作者）被 SCI、SSCI 收录；C. 公开出版本专业有较高学术价值的著作 2 部以上（每部 15 万字以上，独立完成或排名第一）；D. 担任主编出版省级以上统编教材 2 部以上，或担任副主编出版国家级统编教材 1 部以上；E. 公开出版本专业有较高学术价值的著作（含统编教材，主编）1 部以上（15 万字以上，独立完成或排名第一），且在核心期刊上正式发表 3 篇以上本专业有较高学术价值的论文（第一作者或通讯作者）。

（2）获得省级及以上教学成果奖、科研成果奖（包括国家一级学会科研成果奖）（等级内额定人数）。

（3）主持或完成国家级课题 1 项。科研成果具有国内先进水平（须在省级以上业务管理部门鉴定），或在管理、应用推广中取得显著的经济效益和社会效益。

（4）获得 1 项以上国家发明专利，并在应用推广中取得重大经济效益和社会效益（首位）。

（5）获得省级以上政府部门采纳或认可的研究成果（相关成果必须提供原件、政府相关部门采纳、批示的证明）。

第十条 学术带头人聘任条件：

1. 申请者必须热爱祖国，具有良好的科研道德和团队协作精神。

2. 年龄在50周岁以下者须具有博士学位的副高级以上职称；业绩特别优秀者条件可适当放宽。

3. 具有较系统扎实的理论知识和专业基础，能较好的把握所在研究领域的国内外发展动态，有较开阔的学术视野和较强的学术交流能力；对学术研究工作有建设性构想，具有协同相关研究人员在其前沿领域保持国内外先进水平的能力；根据实际情况可自设研究领域（具备3—4名骨干成员）。

4. 科研能力较强，科研水平较高，近3年来（2018年1月1日—2020年12月31日），满足下列条件之一：

（1）具备其中1项：A.在核心期刊上正式发表3篇以上本专业有较高学术价值的论文（第一作者或通讯作者）；B.1篇以上论文（第一作者或通讯作者）被SCI、SSCI收录；C.公开出版本专业有较高学术价值的著作1部以上（15万字以上，独立完成或排名第一）；D.担任主编出版省级以上统编教材1部以上；E.公开出版本专业有较高学术价值的著作（含高校统编教材，主编或副主编）1部以上（15万字以上，独立完成或排名第一），且在核心期刊正式发表学术论文1篇以上（第一作者或通讯作者）。

（2）获得省级及以上教学成果奖、科研成果奖（包括国家一级学会科研成果奖）（等级内额定人数）。

（3）主持或完成省部级及以上科研课题1项。

（4）获得1项以上国家发明专利，并在应用推广中取得较大经济效益和社会效益（首位）。

（5）获得省级以上政府部门采纳或认可的研究成果（相关成果必须提供

原件、政府相关部门采纳、批示的证明）。

第十一条 学术骨干聘任条件：

1. 申请者必须热爱祖国，具有良好的科研道德和团队协作精神。

2. 年龄在 45 周岁以下，且具有副高级以上职称或具有博士学位；业绩特别优秀者条件可适当放宽。

3. 具有较系统扎实的理论知识和专业基础，能较好的把握所在研究领域的国内外发展动态，有较开阔的学术视野和较强的学术交流能力；对学术研究工作有建设性构想，具有协同相关研究人员在其前沿领域保持国内外先进水平的能力。

4. 科研能力较强，科研水平较高，近 3 年来（2018 年 1 月 1 日—2020 年 12 月 31 日），满足下列条件之一：

（1）具备其中 1 项：A. 在核心期刊上正式发表 2 篇以上本专业有较高学术价值的论文（第一作者或通讯作者）；B.1 篇以上论文（第一作者或通讯作者）被 SCI、SSCI 收录；C. 公开出版本专业有较高学术价值的著作 1 部以上（15 万字以上，独立完成或排名第一）；D. 担任主编出版省级以上统编教材 1 部以上；E. 公开出版本专业有较高学术价值的著作（含高校统编教材，主编或副主编）1 部以上（15 万字以上，独立完成或排名第一），且在核心期刊正式发表学术论文 1 篇以上（第一作者或通讯作者）。

（2）获得省级及以上教学成果奖、科研成果奖（包括国家一级学会科研成果奖）（等级内额定人数）。

（3）主持或完成市厅级以上科研课题 2 项。

（4）获得 1 项以上国家发明专利，并在应用推广中取得较大经济效益和社会效益（首位）。

（5）获得省级以上政府部门采纳或认可的研究成果（相关成果必须提供原件、政府相关部门采纳、批示的证明）。

第十二条 为确保学科带头人、学术带头人与学术骨干有足够的时间和精力从事课题研究，不能作为团队成员参与其他团队项目的申请，其科研成果不能交叉重复计算。

第四章　遴选程序

第十三条 岗位人员的选拔采用公开招聘的方式，坚持平等竞争、择优聘用、严格考核、动态管理的原则。申请人需填写《南京体育学院学科带头人申请表》《南京体育学院学术带头人申请表》《南京体育学院学术骨干申请表》，并提供相关证明材料。

第十四条 学科建设办公室组织专家组对提出申请的学科带头人、学术带头人和学术骨干进行评审。

第十五条 通过专家组评审的候选人提交校学术委员会审核，最终确定人选，经校长办公会审批后在校内公示一周；经公示无异议者，学校下文正式予以聘任。

第五章　聘任与管理

第十六条 学科带头人、学术带头人和学术骨干实行聘任制，聘期为3年。

第十七条 受聘学科带头人、学术带头人和学术骨干与学校签订聘任合同，明确聘期及聘任双方的权利、义务和受聘者的聘期任务、目标。

第十八条 各二级教学单位负责本单位学科团队的日常管理，并提供工作便利。学科建设办公室负责学科带头人、学术带头人和学术骨干的申报、评选、考核等管理工作。

第十九条 聘期内发生下列情况之一者，取消其学科带头人、学术带头人、学术骨干的资格：

1. 严重违反国家法律和学校有关规章制度者。

2. 在科技工作中给学校造成不良影响和重大经济损失者。

3. 出现重大工作、教学事故或其他相关工作事故者。

4. 治学态度不严谨，学术上弄虚作假。

5. 经学校学术委员会认定，有不宜再做学科带头人、学术带头人、学术骨干的其它行为。

第六章 激励机制

第二十条 在岗人员在聘期内享受如下待遇：

1. 学校设立学科建设专项经费，用于科学研究、参加学术会议、出版专著、购买图书资料、交通费、文印费等。

2. 在同等条件下优先推荐申报各级纵向科研课题；如有重要科研项目，学校将拨专款予以资助，优先推荐其参加进修、培训和国内外学术活动；优先晋职和晋级。

3. 学科带头人周期内享受税前 20 万元人民币津贴，学术带头人周期内享受税前 14 万元人民币津贴，学术骨干周期内享受税前 8 万元人民币津贴。各二级学科确认 1 名校领导负责联系推动，享受学科带头人岗位津贴的 50%。

4. 津贴按中期和期满发放，中期考核合格发放金额为周期津贴的 50%；期满考核合格后发放剩余周期津贴的 50%。

第七章 考核评估

第二十一条 对学科带头人、学术带头人和学术骨干岗位实行考核评估制度，考核评估工作由学科建设办公室负责组织，专家组由校学术委员会成员和校外专家组成。

第二十二条 考核评估包括中期考核和聘期届满评估。中期考核在聘期第二年进行，聘期届满评估在三年聘期结束时进行，评估结果作为下一聘期是否续聘的主要参考依据。

第二十三条 考核工作以聘期任务书为依据，重点考核学科团队和科研业绩，成果署名单位为南京体育学院。

第二十四条 评估结果优秀者，学校将给予表彰，并续聘为下一轮学科带头人、学术带头人和学术骨干；对计划落实不力，评估不合格者，即被取消资格，不再续聘。中期考核不合格者，停发相应个人待遇，予以警告并责令整改；若聘期届满评估时能完成聘期任务的，可补发前期停发的待遇。

第八章　附则

第二十五条　本办法由学校学科建设办公室负责解释。

第二十六条　本办法自公布之日起实施。

参考文献

[1] 习近平在全国教育大会上强调坚持中国特色社会主义教育发展道路培养德智体美劳全面发展的社会主义建设者和接班[N].人民日报，2018-09-11（01）.

[2] 毛莉虹.为建成体育强国贡献高等体育院校力量[N].中国体育报，2021-01-12（07）.

[3] 马兆明.我国高等体育院校发展历程回顾与定位研究[J].成都体育学院学报，2014，40（06）：72-78.

[4] 朱传耿，郭修金.我国高等体育院校的发展特征与战略趋向[J].体育学研究，2021，35（01）：1-8.

[5] 张惠君.体育院校学科建设管理模式探讨[J].体育科学研究，2012，16（04）：77-80.

[6] 邹志强.高校学科建设管理机构设置科学化研究[J].教育评论，2019（02）：50-54.

[7] 李忠梅，曹晓蓉，刘晓梅，等.我国高等体育院校的变迁与启示[J].科技信息，2009（24）：619+622.

[8] 张姗.我国体育学科发展历程研究[D].长沙：湖南师范大学，2014.

[9] 孙晋海.我国高校体育学学科发展战略研究[D].苏州：苏州大学，2015.

[10] 周蓉.英国高校体育学学科建设研究[D].武汉：华中师范大学，2021.

[11] 鲍善军."十三五"期间高等院校体育专业学科群建设协同机制研究[J].文

化创新比较研究，2018，2（14）：152-153.

[12] 韩冰冰."双一流"背景下普通高校体育学科建设的研究[J].运动，2018
（21）：6-8.

[13] 刘青."中国特色、世界一流"大学建设的理论与实践再探：以成都体育
学院为例[J].成都体育学院学报，2020，46（06）：1-6+47.

[14] 王嫣祺，王少军.安徽省高等院校体育学科专业建设现状[J].阴山学刊（自
然科学版），2017，31（02）：122-124.

[15] 赵利.地方高师院校体育学科建设的探索与思考：以绵阳师范学院体育学
科建设为例[J].绵阳师范学院学报，2016，35（11）：121-125.

[16] 高扬.体育软科学问题探讨[J].体育文史，2000（06）：37-38.

[17] 彭庆文.对综合性普通高校体育学科建设的若干思考[J].体育学刊，2011，
18（06）：81-85.

[18] 李绍成，聂东风.非体育院校普通高校体育学科建设现状与对策研究[J].中
国体育科技，2005（06）：77-79.

[19] 翟方.普通高校体育学科建设的若干思考[J].国家教育行政学院学报，2012
（02）：78-80.

[20] 李相如，刘江南.关于体育院校学科建设的探讨[J].广州体育学院学报，
1998（02）：50-53.

[21] 陈雨，刘元国."双一流"战略下辽宁省一流体育学科建设的联动机制[J].
沈阳师范大学学报（自然科学版），2020，38（02）：183-192.

[22] 张惠君.体育院校学科建设现状与内涵式发展[J].武汉体育学院学报，
2012，46（08）：88-91.

[23] 赵勇戈.试论体育院校学科建设[J].武汉体育学院学报，2002（01）：5-8.

[24] 金薇吟.学科交叉视角：高校素质教育的重塑[J].煤炭高等教育，2007
（02）：49-52.

[25] 杨雪芹.学科交叉视野下我国大学体育学学科建设研究[D].北京：北京体育大学，2010.

[26] 刘新民，景俊青，张伟.高等体育院校办学定位、办学特色与学科建设的探析[J].西安体育学院学报，2013，30（04）：476-481.

[27] 于静静.山东省体育学科建设现状及其发展模式研究[D].曲阜：曲阜师范大学，2013.

[28] 韩爽.云南省高校体育学科建设现状和路径研究[D].昆明：云南师范大学，2017.

[29] 何艳华.关于高等体育院校学科专业建设的思考[J].吉林体育学院学报，2009，25（01）：79-80.

[30] 李海英，蓝水英.地方师范院校体育教育训练学重点学科特色化建设[J].体育科技，2019，40（03）：163-164.

[31] 沈友青，曹秀玲，潘晓波，等.新建本科院校体育学科建设问题透视与内涵式发展[J].湖北第二师范学院学报，2014，31（06）：68-71.

[32] 马冬雪，舒川.适应体育学学科建设的基本理论问题探讨[J].长春师范大学学报，2018，37（12）：116-118.

[33] 吴桦，沈克印.体育院校教学团队的管理模式及组织效能研究：以武汉体育学院体育管理学教学团队为例[J].教育现代化，2020，7（35）：145-147+162.

[34] 朱洪生.地方综合大学体育专业产学研合作发展模式研究[J].当代体育科技，2019，9（18）：204-207.

[35] 刘周敏.协同创新理念下高等体育院校人才培养模式的研究[D].北京：北京体育大学，2014.

[36] 陈宁.高等体育院校办学特性和模式的研究[D].武汉：华中科技大学，2005.

[37] 黄程程.浅析高等院校体育专业学科群建设协同机制的相互关系[J].文体用品与科技，2018（23）：54-55.

[38] 刘玉.复杂性视野中的体育学科建设与发展规划研究[J].军事体育进修学院学报，2008（04）：104-107.

[39] 陈慧.我国大学体育学科建设研究[D].武汉：武汉大学，2011.

[40] 邹奇.吉林省高校冰雪学科建设的思考[J].吉林体育学院学报，2012，28（04）：121-123.

[41] 沈中辉."双一流"背景下高校科研平台在学科建设中的作用[J].黑龙江教育（理论与实践），2021（04）：91-92.

[42] 李建奇，董秀娟，李兆防.强化学科平台建设 加快地方高校发展[J].高教学刊，2019（11）：71-73.

[43] 康兰.关于大学学科和大学学科建设概念的思考[J].科教文汇（中旬刊），2010（02）：9-10.

[44] 张玉安，曲宏.高校学科建设与科研平台建设的思考[J].新西部（理论版），2014（23）：92-93.

[45] 王葆华，冯佐海，庞保成，等.高校学科平台建设问题的思考与对策[J].高等理科教育，2011（02）：33-35.

[46] 周宏敏，熊文，陈伟，等."双一流"背景下的一流学科平台建设思考[J].实验技术与管理，2018，35（03）：23-24+28.

[47] 吴晓求，宋东霞，李艳丽，等.深化研究生培养机制改革 提升研究生培养质量：基于中国人民大学研究生培养机制改革成效的调研[J].学位与研究生教育，2011（05）：6-10.

[48] 陈兴胜.体育学研究生创新能力培养研究[J].武汉体育学院学报，2009.

[49] 高宝嘉，伊绯.高校研究生人才培养模式及其发展与改革路径[J].高等农业教育，2015（12）：3-6.

[50] 王陶冶，李齐方，刘景超，等.导师在研究生思想政治教育中的作用及实践路径研究[J].北京教育（高教），2019（11）：58-61.

[51] 陈媛媛.新时代高校研究生思想政治教育对策研究[D].焦作：河南理工大学，2020.

[52] 白琼英.新形势下研究生思想政治教育问题及对策研究[D].郑州：华北水利水电大学，2020.

[53] 彭丽娟.新时代研究生思想政治教育合力育人机制研究[D].杭州：杭州电子科技大学，2020.

[54] 刘志，侯振中.新时代研究生思想政治教育改革创新的意义、瓶颈及挑战[J].思想理论教育导刊，2019（01）：130-134.

[55] 张启钱."三全育人"视阈下研究生思想政治工作路径探究[J].江苏高教，2021（03）：109-112.

[56] 钱嫦萍，戎思淼，张攀.新时代高校研究生党建工作的科学内涵与机制优化[J].学校党建与思想教育，2020（10）：41-43.

[57] 高松.新时代高校研究生思想政治教育：理论遵循·价值旨归·实践路向[J].湖北社会科学，2018（12）：178-181.

[58] 蒋连霞，施亚玲，向兴华，等.新时代加强和改进研究生思想政治教育工作的现实思考：基于对广东省研究生思想政治状况的调查[J].思想教育研究，2019（01）：128-131.

[59] 钱嫦萍，胡博成.新时代研究生导师立德树人的时代内涵、现实难题和实现路径[J].思想理论教育，2019（09）：107-111.

[60] 刘志，侯振中.新时代研究生思想政治教育改革创新的意义、瓶颈及挑战[J].思想理论教育导刊，2019（01）：130-134.

[61] 崔妍.研究生思想政治工作"三全育人"机制论析[J].思想政治教育研究，2021，37（04）：129-132.

[62] 董春美.新时代研究生思想政治教育探析：从辅导员与研究生导师高效互动的角度[J].教育教学论坛，2021（18）：104-107.

[63] 董一乔，刘尚林.提高研究生思想政治教育实效性的探索与实践[J].辽宁教育行政学院学报，2015，32（01）：30-32.

[64] 郝镰，刘文涛，范会明.导师在研究生思想政治教育中的作用发挥[J].内蒙古农业大学学报（社会科学版），2014，16（05）：119-121.

[65] 夏铭泽."三全育人"理念下的高校思想政治工作研究[J].时代报告，2022（01）：134-136.

[66] 宗爱东.新时代高校思想政治教育质量评价的政策要素与实施框架研究[J].思想教育研究，2021（10）：134-139.

[67] 侯延斌，张西瑶，陈怡婷，等.重庆10所高校研究生科学道德和学风建设的现状与对策研究[J].重庆医学，2017，46（23）：3245.

[68] 向玉凡.制度路径下研究生学术失范治理初探[J].高教探索，2017（8）：67.

[69] 陈玉国.研究生学术不端行为防范体系的构建：基于学术共同体视域[J].中国科技期刊研究，2016，27（11）：1133.

[70] 朱华，左志香，朱华杰.我国研究生学术道德失范的表现及影响因素分析[J].思想教育研究，2012（11）：98.

[71] 陈翠荣，张一诺，赵飒.对加强当前研究生学术道德的思考[J].学校党建与思想教育，2017（10）：43.

[72] 王相飞.体育院校研究生学术规范的现状及对策[J].体育成人教育学刊，2009，25（1）：13.

[73] 吕策，凌波，袁园.高等体育院校体育学术型硕士研究生学术诚信现状调查与分析[J].安徽体育科技，2014，35（4）：85.

[74] 李睿婕，赵延东.博士生对学术不端行为的态度、评价及其变化[J].学位与

研究生教育，2019（2）：46.

[75] 陈春平，周田惠.高校学报服务于本校研究生培养工作的思考[J].编辑学报，2019，31（1）：102.

[76] 杨嵩松.加强研究生学术道德规范 推动高校学风建设的路径研究[J].教育教学论坛，2019（39）：22.

[77] 郑忠梅.立德树人：研究生导师职责的学术逻辑及其实现[J]. 学位与研究生教育，2019（6）：1.

[78] 李爱群，黄玉舫.我国体育科研人员对学术不端行为的认知和态度及体育学术期刊治理方策[J].中国科技期刊研究，2019，30（3）：322.

[79] 姚志友，董维春.他律与自律：研究生学术道德教育的逻辑与路径[J].学位与研究生教育，2018（4）：31.